El libro de Aurora

El libro de Aurora

Textos, conversaciones y notas de Aurora Bernárdez

Edición a cargo de Philippe Fénelon
y Julia Saltzmann

ALFAGUARA

El papel utilizado para la impresión de este libro ha sido fabricado a partir de madera procedente de bosques y plantaciones gestionadas con los más altos estándares ambientales, garantizando una explotación de los recursos sostenible con el medio ambiente y beneficiosa para las personas. Por este motivo, Greenpeace acredita que este libro cumple los requisitos ambientales y sociales necesarios para ser considerado un libro «amigo de los bosques». El proyecto «Libros amigos de los bosques» promueve la conservación y el uso sostenible de los bosques, en especial de los Bosques Primarios, los últimos bosques vírgenes del planeta.

Papel certificado por el Forest Stewardship Council®

Penguin
Random House
Grupo Editorial

¿Quién fue Aurora Bernárdez?

Mi amiga Aurora fue una muchacha de Buenos Aires, ciudad donde nació en 1920 de padres españoles, emigrantes gallegos de primera generación. Su juventud transcurrió en los años dorados de la Argentina, cuando sus clases medias urbanas —a diferencia de muchos países europeos de la época— podían mandar a los hijos a una excelente universidad. Tuvo cinco hermanos mucho mayores que ella —de un primer matrimonio de su padre—, entre ellos un importante poeta: Francisco Luis Bernárdez, cuyo prestigio, amistad con Borges y artículos publicados en *La Nación* la impresionaban mucho. Y dos hermanos más de padre y madre: Teresa y Mariano, a quienes adoró eternamente.

Fue una lectora precoz y constante, se sumergió muy pronto en la literatura, pasión que la acompañó toda la vida. «Estoy hecha de papel», me dijo una vez, ya muy mayor.

Casi naturalmente, tras sus estudios de Filosofía, se convirtió en la legendaria traductora de *El cuarteto de Alejandría* o de *El cielo protector* y de tantas y tantas obras maestras que llegaron gracias a ella a los lectores de lengua española. Mucha gente le decía que a menudo sus maravillosas traducciones mejoraban el original. Ella aceptaba el elogio, pero aventuraba irónicamente que, en sus inicios, su parcial dominio del inglés podía explicar su creativa aportación en español. Fueron muchos años, muchos autores, muchos libros, hasta que en 2014 se cerró el ciclo y se publicó su último trabajo: la traducción de los poemas de su hermana Teresa, escritos originariamente en inglés.

En 1948 una cita en la confitería Richmond de Buenos Aires con un joven escritor, Julio Cortázar, de quien había leído «Casa tomada» y a quien quería conocer, determinó el curso futuro de su vida. En agosto de 1953 se casaron en París y juntos compartieron en Europa los años más fecundos del escritor. Los dos trabajaban como traductores en la Unesco, pero siempre con contratos temporales, lo que les permitía viajar y escribir con tranquilidad buena parte del año. Hasta que a partir del terrible 1968, «Julio fue un hombre para afuera mientras yo seguí siendo para adentro».

Conocí a Aurora en París por medio de una común amiga argentina, Marisa Rossi, al inicio de la década del 80. Desde el primer día se instauró entre nosotros una amistad basada en la confianza y la simpatía que se mantuvo invariable hasta su muerte en 2014. A partir de nuestro primer encuentro ella vino a todos mis conciertos y a todos los estrenos de mis óperas, entre ellas una basada en *Los reyes* de Julio Cortázar. Junto con otros amigos compartimos veraneos y también helados inviernos en Mallorca, en su casa de Deyá, posada sobre los bancales, y divertidas estancias toscanas en la *pineta di Roccamare,* con Chichita Calvino (nacida Esther Singer), su gran amiga, otra porteña de inenarrable talento escénico. Cuando Aurora venía a Barcelona —donde está la mítica agencia literaria Carmen Balcells, que administra los derechos de Cortázar— se instalaba en mi casa. Durante más de treinta años nunca se agotaron los temas de su portentosa conversación: «Es tan difícil hacerme hablar en público como hacerme callar en privado», decía con exactitud.

Pero, ¿quién fue Aurora Bernárdez? ¿Qué significó ese «vivir para adentro»?

Responder esa pregunta es la finalidad de este libro. Escuchar la voz más personal de Aurora. Aunque ella nunca se decidió a publicar lo que escribía —primero su hermano poeta y después el marido escritor proyectaban sombras muy alargadas—, sabíamos que en su casa de la Place du Général Beuret existían agendas y cuadernos con textos y narraciones, diarios y poesías. Pero sabíamos también que en los últimos años de su vida numerosos documentos, libros y objetos de aquella casa habían ido desapareciendo. Un día de sus últimos meses Aurora, desamparada, me señaló los estantes vacíos de su biblioteca preguntándose con angustia qué había pasado, quién había venido, dónde estaban los libros.

Cuando ella murió, la rápida intervención de su heredero mantuvo a salvo todo lo que quedaba. En un pequeño armario encontró los cuadernos y las agendas, origen de la selección que ofrecemos en este libro.

La poesía se publica siguiendo el orden de una lista precisa establecida por la propia Aurora en una agenda de 1996. Había también poemas terminados escritos en hojas sueltas, fuera de esa ordenación.

Las notas eran muy diversas. En cuadernos escolares aparecían borradores de poemas, cuentos y traducciones, narraciones de sueños, viajes. En numerosas agendas abundaban referencias breves de la vida corriente, citas, encuentros. Aurora empezaba a veces un cuaderno y lo abandonaba, hasta que diez años más tarde volvía a escribir en él sobre distintos temas. En un cuaderno de 1954, por ejemplo, se encuentra una traducción de un largo fragmento de *Amers,* de Saint-John Perse, seguido de textos fechados en 1963.

Cuando había diversas versiones se ha tomado en cuenta la última. La transcripción no ha sido fácil. En algún momento Aurora utilizó una tinta verde que con el tiempo se desvaneció para el ojo humano. Gracias a un procedimiento técnico milagroso se ha conseguido la «reaparición» de esas páginas.

Este volumen contiene también la única entrevista que Aurora concedió en toda su vida. Se titula «Nunca me fue mal». Esta expresión, que ella utiliza en la conversación, retrata su carácter. En realidad muchas cosas fueron mal, como en la vida de todo el mundo, pero ella se mantuvo en toda circunstancia como la joven que nunca dejó de ser: sonriente, elegante, literaria, conversadora... pero también secreta, *para adentro*.

Que este libro sirva a la memoria de la que fue nuestra amiga, para siempre.

PHILIPPE FÉNELON
Barcelona, enero de 2017

Poesía

La tarea de escribir y otros poemas

La tarea de escribir

Llenarás las palabras de ti mismo,
llenarás las palabras de palabras,
llenarás con las cosas las palabras:
quedan siempre vacías.

Vaciarás las palabras de ti mismo,
vaciarás las palabras de palabras,
vaciarás de las cosas las palabras:
queda siempre el vacío.

¿Dónde estarás tú mismo,
dónde las cosas, dónde las palabras?

La despedida

No estabas en el muelle.
Otros —mi padre— agitaban pañuelos.
Entre mugidos fúnebres partimos,
la orilla se enturbiaba:
¿de lágrimas, de ocaso, de distancia?

Leías diariamente las noticias
de mi mundo de aquí, yo las del tuyo.
Pero nadie decía qué comías,
si tenías frío o calor o te aburrías.

¿Quedaba en mí tu imagen
o la inventé al regreso?
¿Fue real lo vivido? (te pregunto)
¿Vivimos lo vivido?

Del otro lado nadie me responde.
¿Se borrará tu cara?
¿Podré por fin cerrar la puerta,
contar la historia,
ponerle un desenlace?

Biografía

¿Llegará al mar abierto?
¿Se irá agostando el camino?
¿Será su vida ese leve,
modesto temblor del aire
empinándose hasta las nubes,
las grandes, blancas nubes
que contienen el mar,
todo el azul?

(17 de marzo de 1990)

LA MEMORIA

Escarbo en mi alma como un perro,
encuentro viejos huesos enterrados.
¿Por quién?
Los dejo fuera,
por si acaso,
al vasto amparo de la hierba.

MUERTE DE LOS TULIPANES

Para Martha

Aún corren en la seda tersa de los pétalos
lentos jugos de vida.
En los bordes se encrespa el mineral, la dorada
frágil lápida que anuncia una vez más
«Efímero es lo bello».
Perdura su recuerdo en la tenue memoria,
en las flores escritas,
túmulos de papel, deleznable materia;
otros ojos que éstos leerán
«La belleza es eterna».

Es la última danza, los tallos adoptan
posturas de abandono,
blandas curvas del verde
desperezándose
en postrera voluptuosidad.
En el fondo del vaso
el agua se enturbia,
la demolición prepara
su fértil ciénaga.

ABRAZO

Un temblor en la raíz,
una exasperación en la voz,
y el pavor ante el vacío que jadea,
el impulso de saltar
para no alcanzar la otra orilla,
para no arribar nunca a puerto.

Sobre la cabeza estallan las palmeras,
el cielo se incendia de azul,
el silencio cubre un quejido.
No hay puerto sin amarras.

Melancolía del domingo

Tardes de domingo estirándose
a la espera, el anuncio
de otras tardes de domingo
que ya no anuncian
nada.

Abanicos de palabras le estallaban detrás de la
    frente,
se ordenaban en sentidos ocultos,
flechas apuntando al blanco.
Los platos se deslizaban en sus manos,
tersas obleas de su comunión cotidiana.

Mira ausente la vajilla amontonada,
se irisa la espuma en mínimos arcoíris,
inútilmente
el agua arrastra las burbujas en un alegre
    torbellino.
La loza fulgural de la publicidad
le habla la lengua
inerte de las cosas.
El viento va cerrando puertas.
«Aquel amor, mi amor, ¿quién era?»

Retrato

Hay algo huidizo,
un miedo en sus ojeras
y en la masa trémula,
soslayada,
de su cuerpo.

Tiemblan los labios,
pálida la secreta ambición.
Vestido como un preceptor,
piensa en Mademoiselle de la Mole
acechando el redoble
de la ejecución.

(Belgrado, 1980)

MIRAR SIN VER

Nublazón de palomas,
crepúsculo instantáneo:
restablece la luz de un imperio fugaz,
anublado de lágrimas.

Llanto no derramado
oscurece hacia adentro
la claridad de un vuelo apenas comenzado.

Luto de la mirada
por lo no realizado.

(Dubrovnik, 1980)

Vejez de Helena

Indiferente a las ordenanzas municipales
distribuye mendrugos a las obscenas palomas
y sonríe a su voracidad mostrando un solo
    diente,
última, única columna
del templo destruido.

(Palomas y columnas:
aun en el infierno, pienso,
la belleza es perentoria,
nos reclama ceguera,
humildad, reverencia.)

Los plumajes grises se agitan como ratas
alrededor de sus zapatos.
Arrobada, alza los ojos al sol
que sale para ella.

MIRADAS

Primera mirada
Figuras orantes:
desbocados los ojos,
en la piedra blanca de la córnea
la pupila abre sus puertas,
entra por ellas la negrura,
prisioneras son de lo negro,
cárcel son del espanto,
mudas,
atónitas
contempladoras de la nada.

Segunda mirada
Displicente Diana recostada,
púdica adolescente de pie:
modestamente desnudas,
desde sus pupilas de granate,
desde el rojo ombligo,
ojo central,
miran la íntima,
vertiginosa púrpura
del propio cuerpo.

El charlatán

De su boca
salen volando las palabras:
en un embudo de hojas secas
se enroscan a su cuerpo,
bajan hasta los pies.

La insondable alcantarilla
se las traga
con un largo,
indecente
ruido de succión.

INVIERNO

Delante de la puerta
la paulonia
suelta la última hoja,
fugaz óxido en el gris terco de la piedra.

Mi vecina asoma la cabeza erizada,
el camisón cae desde sus vastos hombros
como un sudario.
La saludo.

¿Suena mi voz en largos corredores solitarios?
¿Qué fantasma la sigue?

Desencaja los ojos apagados,
su pavor encrespa el aire inmóvil.

¿Quién es?, pregunta.
Mejor no contestarle.

Espera, sin moverse.
Después
tiende la percha de los brazos.
Los postigos se cierran.

No queda un solo pájaro.

(París, 1.º de octubre de 1985)

DUELOS
(Drama en dos actos y un epílogo)

Primer acto
«Su muerte fue un rayo en un día sin nubes»,
dice una, y al lado:
«En nuestro cielo se apagó otra estrella».
Piensan:
«Nunca le dije te queremos tanto.
Pésame Dios mío y pésame también
por el sol nuestro de cada día
que no verá, por la noche íntima,
por la pluralidad del mundo que dejó de
    asombrarlo».
Secos los ojos,
ni un temblor en la voz.

Segundo acto
El gato se arrima a nuestras piernas,
deja que lo acaricie. En la penumbra ya:
«¿Y el tuyo?». Ella se crispa de dolor:
«No digas nada, no quiero hablar».
Las lágrimas titilan en sus ojos.
Púdicamente bajamos la mirada
hasta las manos lacias.

Epílogo
«Los días ya se acortan.
Es hora de ir saliendo.»

(París, 3 de octubre de 1985)

PATERNIDAD

No se lee en su cara ni el gusto
rancio del remordimiento,
ni la melancolía de lo que fue,
ni el resignado pesar por lo que no será.
Es alegre, pues desconoce la alegría.
Vive sin saberlo
en la evidencia
de una singular plenitud:

huele el perfume de heno fresco
(aunque jamás haya visto el heno,
habitante del asfalto caliente
que nunca recibió la ofrenda amarilla
de las tipas);
oye la voz de pájaro aturdido,
voz de alondra o golondrina
(nombres que le suenan a tango de Gardel,
pero sabe que así gritan cuando caen
al atardecer
en los profundos patios de Florencia).

Las manos de uñas sucias,
delicadas y exactas como de relojero
rozan la cabeza del niño:
el hombre vuelve de su viaje
llevando de la mano
la acabada, fugaz perfección de su hijo.

TILO EN DEYÁ

Para Arnaldo

El tilo, entero en su estar.

Lo transparenta el sol.
Verde es el sol en el tilo.

El viento hace su ronda:
cimbra desde la raíz el ciprés,
tiemblan las hojas del almendro;
el tilo asiente, saluda,
su gran cuerpo respira.

¿Duerme? ¿Duerme de noche?
¿Sueña su perfume que perfuma mi sueño?

(Deyá, 4 de junio de 1984)

RECUERDOS DE VIAJE

Para Dana

Los ojos inundados por vastos cielos
que otros ojos miraron,

por montañas de cintas rosadas
superpuestas, plegadas,
contra la lisa, impávida porcelana azul
(tiemblan las montañas,
el cielo siempre quieto);

por ríos de hielo que avanzan,
perezosos,
en procesión de comulgantes
y cada tres años se separan,
fragorosos,
en lentos bloques solitarios;

por cortinas de agua que se desploman
con estruendo
en infinitos arcoíris,

por praderas que otros respiraron
y me llenan de aire los pulmones

y el frío austral que otros sufrieron
y ahora me hace tiritar

y el olor de las matas perfumadas
que crecen en lo más árido de los pedregales
e impregna este recuerdo que no tengo:

habitante de cielos bajos, sulfurosos,
entre grises paredes borroneadas
por un resentimiento obsceno,
por la patética derrota,
por la declaración de amor que nadie escucha,

con un río marrón que no se mueve
y el llanto enfermo de la lluvia
tratando de borrar
la nostalgia de esa patria ignorada
que nunca fue la mía.

(París, 6 de diciembre de 1990)

Historia natural I

El jardín ofrece su lección diaria de crueldad:
en la mínima selva
el gato pasea su indolencia,
su distraída cautela.

Desde la puerta ella lo ve detenerse,
una pata en el aire, la cola tensa.
Ve temblar la impaciencia
en la suave suntuosidad de la piel atigrada.
La eternidad es el tiempo inmóvil.
Todas las máquinas se han parado.
También el gato vive el vértigo quieto
de la espera.

Y bruscamente se suelta la punta del ovillo:
ahora el tiempo corre,
salta en el cuerpo gris despedazado
en el esplendor de la mañana.

Todo drama tiene un desenlace,
piensa cerrando la puerta.
¿Y cómo, cuándo el mío?
¿Qué bestia acecha
la irresistible,
la frívola pasión del que mira?

(París, 21 de octubre de 1990)

Historia natural II

Un halo más claro que la luz
vibra alrededor de la magnolia.
El pico largo y fino apenas roza
la cremosa lujuria de los pétalos.

¡El colibrí, el colibrí!
¡Atrapar ese temblor del aire,
esa menuda perfección de plumas!

Y al fin, sí, lo tenemos:
un monstruo de alas cortas,
un vello pardo, hirsuto,
un ávido aguijón.

¿Qué tanto puede el vino de la dicha?
¿Qué tanto puede la febril danza de amor:
cambiar el hocico de la bestia,
el vientre pletórico de Pan,
por la límpida perfección de Apolo
mirándose en la flor?

(París, 22 de octubre de 1990)

Have not old writers said
That dizzy dreams can spring
From the dry bones of the dead?
W. B. YEATS,
The Dreaming of the Bones

¿Quién sueña en la noche del invierno?
¿El alma contradictoria que no supo elegir?
¿La piel que creyó el espejismo de mediodía
en las playas desiertas donde hierve la luz?
¿La lengua gárrula y falaz
agitándose en la boca sin dientes?
¿Los ojos cada vez más pálidos
perdidos en el fondo de las órbitas
como en un horizonte sin retorno?
¿O los quietos huesos
ardiendo eternamente intactos
en recuerdo del fugaz amor?

(París, 23 de octubre de 1990)

FRUSTRACIONES

Casas como barcos encallados
cuyo destino era la errancia;
almas de postigos cerrados
que nacieron tal vez para salir
y perderse
en los profundos cañones de la infancia
donde la vida pende
de la flecha del piel roja;
hombres que creyeron
en la dramaturgia de lo impreciso,
en un ser o no ser que no termine
en el asesinato del padre
sino en un aniversario de familia.

¿Quién restablecerá el desorden,
la fértil confusión de los comienzos,
el paraíso perdido del exceso
y lo inútil?

(París, 24 de octubre de 1990)

Edward Hopper

Donde viven
Casas colgadas del cielo,
apenas apoyadas en el filo de una frontera,
con sus lámparas encendidas todo el día
como si alguien las habitara,
derramando su claridad inerte sobre el suelo
de pino bien lavado.

Dentro, sospechamos,
no hay mesas tendidas para la cena,
ni hay camas para el amor,
para la muerte.

Nunca se apagan las luces.

Los que viven
Sentados en hilera
al sol tibio de la tarde
reciben la lengua de fuego muerto
de un pentecostés enmudecido.
Los jubilados cumplen la condena
dictada por sus propias almas puritanas.

Ellas, en cambio,
en habitaciones de hotel
con roperos donde nadie cuelga nada,
recogidas las piernas sobre sábanas de yeso,
bellas desnudas,
se bañan en el sol frío
de la espera.

NOCTURNO

La fiesta acaba en contenidos bostezos.
Penoso emerger de la boca tibia del sillón.
Un tedio suave preside los adioses.
Tú, que te quedas, retiras las tazas de café,
vacías las colillas, sacudes los cojines,
restableces el orden melancólico que sigue a la
    celebración.

Otra vez defraudada.
Aquella promesa que te hicieron en la infancia:
¿Seguiré insistiendo?, te preguntas.
Apagas las luces. Entras
en la viuda soledad de tu cuarto.
Enciendes la lámpara:
la noche tiene la palabra.

A Arnaldo

Melodiosamente gime por su vida perdida,
o en pudorosa melancolía refiere,
con cierta complacencia,
el amor muerto y enterrado
bajo apagadas violetas.

O, sarcástico, canta
que todo culmina
en el relincho de la bestia.

O bien enuncia las palabras del fervor,
las obscenas,
a la espera paciente
de encontrar el Nombre
que revele el Silencio,
para después callarse.

O, más modestamente,
dispara sus mil flechas,
las ve detenerse en el aire,
su verdadero blanco.
Él no lo sabe y llora.

Velorio

En su caja navega,
impasible capitán de un barco abandonado.
La tierra quedó atrás,
también nosotros.

¿Atrás? ¿En otro lado? ¿Dónde entonces?

¿Y dónde, dónde quedaron sus íntimas
     costumbres:
las siete, el despertar,
la pálida luz de la mañana refulgiendo
en la anticuada navaja de afeitar,
la lectura del diario
en la frescura húmeda del patio?

¿Sólo quedan las huellas
modestas de su cuerpo:
las viejas zapatillas,
el pulóver raído?,
nos preguntamos.

Él: indiferente a todo.
Nos humilla su empecinado
no vernos, no escucharnos.
Ausente de sí mismo,
se retrae al puro estar de los objetos.
Perdidos en nosotros,
nos queda este pensar errático, fugaz.

EVOCACIÓN

No desde la muerte,
no desde la vida:
desde otra prisión te recuerdo,
otro territorio,
otra patria.

(A J. C., después de mucho tiempo)

Guernica

Púas son las lenguas,
alaridos, relinchos aterrados
las voces,
una bombilla de comisaría
echa su luz abyecta
sobre el matadero.

Una mujer se asoma
con su lámpara:
el niño es un trapito inútil
y en la otra punta,
el toro, arrogante,
no pierde la calma.

SAN SEBASTIÁN

Blandamente atado al árbol,
recibe los dardos
indiferente.
Por las brechas azules de sus ojos
hunde la golondrina
su grito traspasado
de delicia.

CAMINO DE LA NIEBLA

Baja la desmemoria de la niebla,
va disolviendo en el aire
la piedra rosa que se cree eterna,
la piadosa celebración de los cipreses,
los pinos que cantan
la inmortalidad del día fugaz.

¿Avanzará hasta la ardiente
nieve lunar de las adelfas?
¿Borrará también ese recuerdo
de la secreta pasión de amor?
¿Quedará sólo ella,
leve cenotafio del olvido?

(Deyá, 22 de septiembre de 1990)

BLANCO

Con los copos desciende
flotando
el silencio.
Revelación del blanco en cada rama,
suspensión del sonido:
simulacros
las voces de la tarde,
los sollozos del duelo en los pasillos de los
        hospitales,
el silbido del mirlo.

Y de esa pura fuente,
de ese vacío de tu fuente beberemos,
Señor,
Tú que nunca nos privas, dadivoso
dador del éxtasis,
el solo que nos ha permitido:
la nada,
el rapto de la nada inacabable
de tu muda presencia.

Desde la escollera

Fue animal de la noche,
relámpago de crines,
diáfano cuerpo de alabastro,
ópalo flotando
en la fosforescencia de las sábanas.

Ahora,
odre que trae el mar,
hinchazón que se mece,
cabeza bamboleándose en la espuma,
cavernas de los ojos, amarilla sonrisa.

Sube hasta la balaustrada
un olor póstumo de sal, de cuero amargo.
Transparencia en la orilla:
tumba sin fin de la mirada.

(Dubrovnik, 1980)

Cae como un rayo
sobre el cordero más blanco.
Ausencia:
blancor del blanco.

(8 de marzo de 1990)

Consuelo de la memoria

Las nubes vuelan altas y avaras,
pasan indiferentes,
sin anunciar siquiera para pronto, algún día,
el alivio piadoso de la lluvia.

Resecos los huertos:
se abarquillan las hojas,
se agrieta la piel tersa de los frutos,
lloran los higos encogidos
su inútil lágrima de miel.
El papel amarillo del jazmín
exhala un pesado perfume de velorio.

¿Qué consuelo nos queda:
recordar a la sombra del tilo
el estruendo del mar,
la placidez del ahogado
flotando entre dos aguas,
los barcos encallados en fondo de corales?
¿La noche en la ciudad austera,
el asfalto mojado,
la seda de las llantas despegándose
como la piel quemada del adolescente,
la alegría de los paraguas negros
goteando en los pescuezos?

(27 de octubre de 1990)

En un jardín

Cae un cobre lento sobre el suelo andrajoso.
Invierno inexorable, piensa,
y trata de acordarse:
¿Cómo eran los otoños?
¿Crepitaban las ramas anunciando
la fiesta de la nieve en el cemento de los patios,
las espesas cortinas, la lana,
el pan caliente?
¿Husmeábamos el olor recóndito
de las germinaciones?
¿O fue así siempre:
el pelo desolado, los pies húmedos,
la voz quebrada,
y la fatiga, la fatiga?

(Belgrado, octubre-noviembre de 1980)

FINAL DE FIESTA

Rituales imposibles,
truncas las ceremonias apenas comenzadas,
las ofrendas se pudren en el altar desierto,
las lámparas se apagan.

Cae el polvo del alba en las almohadas grises,
son papeles arrugados las palabras,
detritos las caricias. Las voces están muertas,
tiradas.

(Belgrado, octubre-noviembre de 1980)

Caballo blanco en la niebla:
ojos, crines de mujer,
leche del cuerpo
difuso en el azúcar
de las plumas del aire.

La niebla quiere entrar,
¿o es el caballo?
¿Lo impedirá
la frágil terquedad del vidrio?
¿Cómo enfrentar tanta arrogancia,
cómo decir que no al paraíso,
un blando paraíso de mortaja?
¿Qué hacer, cómo escapar,
acercarse al confín donde retumba
el trueno primordial de los bisontes?

El mensaje

El que se va deja su palabra;

alguien la recoge de la página,
se la lleva al oído,
oye el mar,
el susurro de plata de los peces
esquivando las algas;

la suspende en el aire,
se transparenta el horizonte,
las columnas de polvo vibrando
en el calor del África,
el vértice de azúcar del Aconcagua,
las nubes blancas en el cielo de la pampa
sobre los caballos cimarrones;

la apoya contra el pecho,
oye el tam tam lejano de su corazón,
la cifra del mensaje.

OLVIDADA ORILLA

Olvidada orilla del origen
donde el viaje comienza:
sus azares, posadas sospechosas,
algunos asaltantes de caminos,
tantos muertos enterrados
en la hojarasca de la desmemoria,
víctimas que nos siguen
mirando, ojos acuosos implorantes,
desde el terciopelo blando de los sueños.

Y al fin, por fin, la tan buscada,
temida, rada del arribo,
su calma persuasiva.

Y nos tendemos en el infinito,
maternal regazo,
estación última del peregrino,
tocamos el suelo, oh Cambhala,
apenas,
con la punta de los dedos.

DORMIR

Y cerramos los ojos sin dudarlo,
tan seguros de despertar
al olor del café y el pan caliente,
el agua fría en los ojos
achicados por la pertinaz
acelerada invasión de los años,
agua lustral que barrerá,
      así esperamos,
la progresión lenta de las pesadillas,

para dormirnos algún día,
y despertar
      cruel,
      interminablemente
al prepotente estridor de los gallos
perforando la madrugada de las defunciones.

                 (Noviembre de 1994)

CON HUMILDAD

Con humildad acepto lo que ignoro,
su sombra subrepticia se desliza
entre un saber y otro.

¿Es sombra el no saber?
¿O es el saber la sombra?

Perpleja me retraigo
a la cara del mundo,
me quedo entre las cosas familiares,
sombras también, mas sombras compasivas.

(Diciembre de 1994)

Los años

Si los años pudieran juntarse
en un círculo de viejas macilentas
recitando el rosario
para un sacristán seborreico y solícito,

si se apeñuscaran
crédulos, absortos
como una ronda de niños,
alrededor de un Santa Claus de feria,

si en manada furiosa,
airadas crines,
las patas en alto,
desafiaran al gran domador,

si fueran un bosque donde cada árbol
crece
y canta su rumor diferente,

si formaran un rebaño de nubes
y en el centro
el manso matemático llevara la cuenta
de la recién llegada y la que se ha ido,

o se quedaran ahí,
puros y vacuos,
historias decantadas, hasta el hueso,
hasta la confusa, deslumbrante
ofuscación del espejismo,

pero no, pasan,
pasan huyendo,
ya lo dijo Horacio,
y nadie sabrá qué fueron.

(Enero de 1995)

UNÁNIME ES EL SILENCIO

¿Me dio jamás mi padre
el cetro que no tuvo?
¿Me ofreciste alguna vez un ornato que no fuera
mi fugaz, luminoso reflejo en tu mirada?

No tengo más túnica de algodón, de seda,
que este sudario anónimo con que
anónimamente me vistieron.

¿Llamaré al portal sordo de mi madre,
o erraré en silencio,
ignorada,
entre parientes locuaces?
¿He de confiar más bien en esas leves huellas
      que habré dejado
en los objetos calmos, sedentarios,
que impusieron su modesta disciplina
al moderado tumulto de mi vida?

Mi rebaño está disperso.
¿No habrá nadie que me reconozca,
me reciba?

(París, 29 de septiembre de 1995)

DÉSPOTA ENFERMO

Ni la estridencia del sol,
sus fanfarrias en las calles del verano,
ni el silencio de la luna,
protectora de sonámbulos,
insomne amiga de los peces,
acatan tu voluntad estentórea.

En la penumbra de la alcoba,
en obediencia,
mastican el rencor tus hijos
soñando inútiles conspiraciones.

En los pasillos murmuran tus vasallos
póstumas reivindicaciones,
venganzas, apoteosis.

Sólo la reina, pasiva servidora,
administra tu territorio último:
píldoras y enfermeras.
Cuando tú dormitas, ella descansa en la
        antecámara;
complacida se mira en el espejo
con su toca de viuda.

Fuera del palacio
mendigos purulentos,
vendedores de barquillos,
empresarios rufianes
esperan sin saberlo
la caída y resurrección del imperio.

(6 de noviembre de 1995)

INSOMNIO

Alguien dice:
«Se levantan al alba
los tornados del miedo».

En silencio cae, como la última hoja,
en silencio,
la última máscara.
Miedo de descubrir que,
detrás,
está el ausente.

Y ruegas que la marea negra del sueño
anegue ese gran hueco,
que llegue pronto la mañana
y nos envuelva en el estruendo,
la confusión del día,
y «bebamos el vino que borra
la pesadumbre y la tiniebla».
Que llegue pronto la mañana
y el tiempo se ponga a murmurar
su compasión imperturbable
por el traidor y por el héroe,
la víctima, el verdugo,
que en todos deposite su ceniza del olvido.

(19 de diciembre de 1995)

¿CUÁL DE LAS VOCES?

¿La que arrastra vidrios rotos,
sombras de secretos,
cicatrices, huellas de flagelaciones,
fantasmas dolientes de miembros amputados?

¿La que vomita lava de remordimientos,
sibilantes serpientes,
perros histéricos de la frustración y la envidia?

¿La que canta en la ventana,
aguda, leve alondra,
risas sofocadas de la infancia,
brazo tendido al árbol de la dicha inminente,
sus frutos casi al alcance de la mano?

¿La que enuncia
en breves líneas inseguras
incertidumbre, soledad,
pesar, perplejidades,
desafinando la tersura del aire
con palabras titubeantes?

¿La que
—espejo de la cacofonía del mundo—
desgrana incoherencias,
desatinos, dislates?

¿La que calla interminablemente
remedando, a su manera,
la muda melodía del silencio?

(París, diciembre de 1995)

Poemas sueltos

CIEN MIL AÑOS

Cien mil años que duermes
con la mejilla ausente apoyada en la mano,
y doblas las rodillas, inocente,
con un poco de frío.
Abuelo que aullabas en una tierra ignota,
bajo el hueso poblado de caracoles secos
está tu viejo gesto de sumisión astuta
y las manos temblando ofrecen el cordero
y la sangre enemiga,
agradeciendo
agradeciendo
agradeciendo.
Y te detesto, porque contigo
me empezó el miedo,
y reniego de ti,
eterno adorador de ídolos ciegos.

(1954)

¿Es tu sombra expulsada de un planeta muerto
la que se refleja en el planeta nocturno de mi
    sueño?

¿Es tu voz de exiliado la que dice mirando la
    casa antes de partir:
«Queda desalmada»?

Desterrado del jardín, ¿son tus lágrimas
    desoladas
las que lloran mis ojos de la noche?

¿Quiénes sufren destierro y despojo
a través de mi vida
en la que nada ha pasado?

¿Por qué la mía, si apenas me habré asomado al
    pozo de sombra que otros vieron,
si apenas habré sospechado la cegadora plenitud
    de la luz?

«Y CUANDO HAYA LLORADO…»

«Y cuando haya llorado todas las lágrimas
no le quedará nada.»

Dios le dé, piadoso, los pesares
los remordimientos
las decepciones.

Dios le dé el dolor para seguir creyendo
en el tenue
inane
rumor de su vivir.

9 Place du Général Beuret

Gemía la casa al principio, protestaba,
estallaban en la noche
tiroteos de guerra civil,
fusilamientos, sabbat de sillas,
de sillones volcados, de cuadros torcidos,
un vaso roto en la cocina.

Nunca nos asomamos para ver.
Consultamos a expertos, pero no les creímos.

Había que esperar que se habituaran
los viejos lares altaneros
a estos advenedizos tan torpes,
tan sin estirpe,
venidos de extensiones vacías,
de mundos sin pasado.

¿Se pusieron de acuerdo?
¿Conviven sin recelos
o los viejos se han ido?
¿Se han ido todos?

Se han ido todos y estoy sola.

De la guarida vetusta
por fin
no desconfío.
Frágil cáscara de trapos y papeles
        —y un poco de mortero—
me abraza, me conforta.

Tiembla el tejado en la tormenta,
tiemblo también, me encojo, me recojo.
¿Saldrá volando
—le pregunto—,
lanzará la intemperie
su tromba vengativa,
asistiremos juntas al derrumbe?

Será un derrumbe alegre
        —me consuela—,
el que soñabas en tu infancia
curiosa de la muerte, del desastre.

Por las ventanas desquiciadas
el viento lanza voluble sus mensajes
revolotean los papeles blancos
que anuncian blancas calmas
grandes nubes australes,

y una locuaz gotera me recuerda
la amistad de la lluvia.

Por el suelo inclinado
ruedan, ríen naranjas y manzanas.

CASAS DE HAMMERSHOI

Ofrenda oblicua del polvo de luz
en el silencio sin antes ni después

madera que no cruje
puertas que no se cierran
pero encierran

espejos sin imagen
ecos ausentes

casas al manso acecho
del que llegue
cruce los umbrales
esperado mesías

¿Alcanzará el resplandor de la ventana
el tiempo pulido como un hueso
la promesa de ser
polvo de luz
luz de estrella apagada?

POR LA VENTANA

Por la ventana entran en verano
los ruidos del amor:
el arrullo incesante de las palomas,
la pareja que gime en la madrugada.

La mujer vieja y sola
los escucha.

Hotel fuera de temporada

Salas desiertas, terrazas solitarias,
las sillas se amontonan ateridas
en herrumbre de lágrimas.

Un mar viejo, agobiado, se revuelve:
«¿Recuerdas tu blandura violenta?
Mugían las olas, reían en la espuma.
Decían: eres un potro, y te esperaban.
Blancas eran las noches,
blanca la luz de la mañana
entre cortinas blancas».

¿Dónde fue? ¿Cuándo? ¿Cómo?
El viento gime, golpea las persianas.
No hay nadie, nadie, nadie.

(Belgrado, octubre-noviembre de 1980)

EL CONDENADO

Si nuevamente fuera el antes
y si pudieras recomenzar,
tú sabes que volverías
a este mismo, tedioso arenal.

Cuando el pájaro primero
descubrió su canto jubilar
ya llorabas la dicha perdida
desde toda la eternidad.

Tienes al lado una cisterna,
una jofaina y un brocal.
El agua amarga de los mares
para tu sed vas a buscar.

Y todo pasa. No te queda
ni el gusto acerbo de la sal.
¿Quién te dijera que algún día
te cansarías de llorar?

Fervor antiguo y olvidado
quieres en vano recordar,
partes los cocos, viertes la leche
sin tener Dios al que adorar.

Todo el ritual se te deshace
frente al vacío del altar,
adorador de cenotafios,
gran impostor de la verdad.

ANDA POR LA CASA

Anda por la casa pensando en la fruta o el pan
que hay que comprar,
la calefacción que no anda,
una planta deslucida,
pero su alma va envuelta en un frío crespón
    negro
que la aleja del mundo.

Sigue hablando con él,
monologando más bien.
Imposible saber qué hubiera contestado a la
    pregunta.
La muerte bloquea la imaginación del
    sobreviviente;
suprime la palabra del otro que es la propia.

LOS CREÍMOS

Los creímos definitivamente anclados
en esa zona quieta
de formas que no cambian,
que no proyectan sombras
ni las contienen.

Los creímos por fin apaciguados,
libres de la nostalgia de lo perecedero
          —perecedera también la nostalgia—,
libres de la memoria del amor,
del odio, del recelo
          —también olvidadiza la memoria—,
sin la añoranza de las voces,
de la música, del ruido,

ajenos sin indiferencia,
instalados del otro lado de la frontera histérica
      de perros
que los separa de este aquí
encogido, mezquino,
al que terminamos por acomodarnos.

Los habrá engañado el redoble del tambor
que acalla los aullidos.
Se animan a salir.

Nadie los ha invitado,
llegan con esas caras pedigüeñas,
olvidados del orgullo, del mal humor,
de la exigencia
          —mendigos—.

Les tiramos un hueso, un mendrugo,
una flor, una piedrita.
Se agachan lentos, recogen la limosna.

No es eso, no es eso,
sacuden la cabeza pesarosos,
insisten los mansos ojos,
no es eso lo que pedimos.

¿Qué querrán?
¿Esperan que adivinemos?

Ahora no nos dejan dormir,
cada vez más tenues se asoman,
más resignados, más sumisos.

Sabemos, creemos
que se disiparán como la niebla
tras la frontera de ladridos.
Pero de eso nadie está seguro.

(4 de enero de 1998)

De la asamblea nocturna

De la asamblea nocturna del sueño,
del cónclave de lentos príncipes destituidos,
olvidados de sus propias culpas,
de jueces irreprochables implacablemente justos,
elegidos por el propio acusado,
del tribunal donde nadie, nunca,
pronuncia la sentencia,
        protégeme,
Dios tutelar de los Aposentos Oscuros.

Dime cuál de las 42 Divinidades Apacibles
me salvará del despertar,
de sus simulacros de vida,
de los pequeños pleitos que alimentan
la vanidad y la codicia,
de la seducción de los reflejos
        de reflejos,
de los domingos huecos
y los lunes de la resignación,
de saber que el cielo es negro
y las estrellas están muertas
        y no decirlo.

Si no me dejé engañar por falsos profetas,
si, aunque con prudencia,
        di limosna al pobre,
si mentí lo necesario y un poco más
        por gusto o por retórica,
si ambicioné todos los bienes ajenos
        sin atreverme a tocarlos,
si ardientemente quise matar a mi padre
        y a mi madre,
pero los veneré, los respeté,

¿no estoy eximida de toda culpa,
no prometiste absolución y olvido
al que se arrepiente?

Entonces, ¿a qué viene
este litigio de cada noche?

¿No me dijiste: borrón y cuenta nueva?

(Enero de 1998)

CADA MAÑANA

Cada mañana con el aroma del café
se celebra la primera misa del día.
Mirando las noticias nos preguntamos
si la muerte de los generales pagaría
la de tantos destripados en Chechenia o
      Sarajevo,

si podremos olvidar el mal aliento
de los muertos de hambre en Ruanda y en
      Somalia
durante nuestros almuerzos dietéticos
y nuestros regímenes de adelgazamiento
a seiscientos dólares diarios,

si las caídas vertiginosas de la bolsa
en Tokio, en New York, en Londres
bastan para perdonar a los banqueros
de los impuestos exprimidos a los privilegiados
con el salario mínimo,

si los adictos a la gimnasia y a los viajes
      organizados
consiguen olvidar el dolor insolente,
      desvergonzado
que traspasa las paredes mal insonorizadas de los
      hospitales,

si la muerte contigua no sirve para redimirnos
del miedo que nos da la nuestra.

                    (París, diciembre de 1995)

A Francisca Silva[1]

Leyó la carta y anunció que se iba.
Se embarcó.
Su hija la miró sin verla: en el centro de la
    ciudad
una paisana de cabeza gris envuelta en un
    pañuelo.

Murió de neumonía poco después
(yo no había nacido),
inútil, triste, en una casa oscura
(en los rincones, mudos espectros desconocidos).
Recordó quizá la que estoy viendo en una vieja
    foto:
piedras grises que allí estuvieron siempre, un
    balcón.

Supongo que habrás vuelto,
que si me obstino te veré,
aparecida,
porque allí tendrías que haber muerto
rodeada de fantasmas familiares,
bajo un liso techado de pizarra,
lugar de nacimientos y de muertes.

---

[1] Mi abuela era costurera en San Amaro, provincia de Pontevedra. Sus cuatro hijos emigraron a la Argentina en los primeros años del siglo XX. Una de sus hijas, con dos niños pequeños y un tercero por nacer, pierde a su marido, dueño de un almacén de ultramarinos situado en el centro de Buenos Aires. Queda ella, temporalmente, a cargo de la caja y de vigilar a los dependientes, y un día ve entrar a una mujer curiosamente vestida, como una paisana. Le pregunta: «¿Qué desea, señora?». La mujer le contesta: «¿No me reconoces? Vengo porque pensé que me necesitabas».
Nunca olvidé esta historia que me contó mi madre. Siempre he visto a mi abuela como una figura emblemática. Cuántas gallegas como ella liquidaron lo poco que tenían y emprendieron el larguísimo viaje a un mundo desconocido porque pensaban que alguien las necesitaba.

DUELO

Me he vestido de negro
de los pies a la cabeza,
un amigo ha desaparecido
por «descortesía de la muerte».

A este hombre
le gustaba cazar mariposas,
pero no las guardaba.
Prefería verlas
sueltas en la luz amarilla,
las alas levemente húmedas,
revoloteando en zonas de rojo y naranja
entre dos suspiros.

SOBRE LA AGITACIÓN Y EL MOVIMIENTO

Este ir y venir, este ida y vuelta,
¿dónde queda el estar?
¿es un hueco, un vacío?
¿una rueda que gira, inmóvil?

Entre tanto los años se acumulan,
tercamente regulares, trescientos sesenta y cinco
    días cada uno:
ordenada pila de sábanas de difuntos ajuares
en un armario de rancias bisagras descontentas.

Apuntes

Con un apenas crujido
la nieve sorbe nuestros pasos.
Silencio.
Página no escrita,
tentación de mancharla
para que despierte y viva.

Como el caracol,
paciente,
ir dejando en el suelo
una huella de plata.

Vendaval,
árbol arrancado de cuajo,
al aire su pequeña raíz:
derrumbada torre sin cimientos.

Afuera, en el vidrio,
lagrimea la lluvia:
no la dejan entrar.

Lo que no sabíamos,
lo que siempre olvidamos:
ésta es siempre la última vez.

(París, 14 de febrero de 2001)

No buscarás mi mano

No buscarás mi mano
en la noche blanca de las sábanas
cuando es lo único que quisiera hoy:
la ciega, segura amistad de tu piel contra mi piel.

O tal vez sí,
tal vez esté tendida como siempre,
para siempre buscando la mía,
llevándola de nuevo a la tibieza invasora del
     sueño
que anega
la inútil ansiedad del día.

(12 de marzo de 2002)

Aquí estoy bien

Aquí estoy bien.
Puedo decir que estoy bien en cualquier lado,
en todas partes me acomodo, me instalo,
casi,
la maraña de casas, de gentes, de jardines,
me fascina, me halaga, me protege.

Y soy una extranjera en todas partes, y todo me
    es ajeno.

Algo ha quedado en mí, un núcleo oscuro,
confusión, la caída. El desconcierto.

Es así, no me quejo.

Me pregunto.

(6 de julio de 2006)

Mi hermano se esfuma

Escucha, no lo ocultes,
no es posible alimentar un corazón herido,
lejos
y en aprietos.

El lamento
es como un gran ojo abierto en la nuca,
sordo y frenético
sin mesura y sin fin.

Ahí mismo
abro la ventana
y digo adiós
una y otra vez
para que mi corazón
pueda atreverse
a escuchar ese grito,
ese gemido
que se va apagando
poco a poco.

A PROPÓSITO DE UN LIBRO

¿A qué sacudir viejos huesos?

¿Qué secreto revelará el polvo:
que le metieron en la sangre inocente
el veneno de la vergüenza
o lo que tenía en la semilla?

¿Nos dirá si lloró de amor por ésta o por aquélla,
o si un adolescente le arrancó las primeras
    lágrimas,
si todo lo enamoró, todo lo desesperó?
¿Por qué fue tan justo con unos,
tan implacable con otros?

¿Qué importa ya si secretamente quiso a un
    padre indiferente,
si ése fue su gran dolor, su gran amor?

La suerte está echada.
¿A qué sacudir viejos huesos?

El que se ausenta se lleva algo.
Poco me va quedando de lo que creí tener al
    principio.
También mis herederos cambian,
menguan por desamor,
distancia, olvido.
Así, cada día vuelvo a escribir mi testamento,
cada día más breve. Poco me va quedando.

Cuando se lo hayan llevado todo
como un papelito me doblaré en cuatro,
olvidada me dejaré entre las páginas que leía
cuando aún me quedaba algo.
Alguien apagará la luz.

Relatos

La merienda

Cuando había vainillas era muy probable que le tocaran a ella. A los Segura no, eran demasiados, lo menos cuatro: Chirili, Anita, Celia, Tota, más nosotros dos, ¿cuántos paquetes de vainillas se hubieran necesitado? Los Segura eran los invitados del invierno: el pan con manteca y el dulce. Entonces había café con leche, clarito y con mucho azúcar. A los Segura la madre les medía el azúcar porque cría lombrices —«Será por no gastar», insinuaba mamá—.

«La podés invitar a tomar la leche.» Yo me iba corriendo al departamento 5, tocaba el timbre y salía a abrir Alcira. En la casa siempre estaba con un delantal de cuadritos muy zurcido y zapatillas de goma rotas en la punta. Me miraba sin decir nada, como avergonzada de su amor perruno. Algo de perro tenía, con el pelo enrulado cayéndole a los lados de la cara como grandes orejas de cocker. Y también los ojos castaños, casi amarillos, que siempre miraban desde abajo, no sólo porque fuera más chica que nosotros. Estoy segura de que siguen mirando desde abajo incluso a las hormigas.

La madre salía al pasillo, también zurcida, también con las puntas de las zapatillas rotas, un poco gorda, un poco pálida, con grandes ojeras. Una masa bastante voluminosa pero transparente, casi inmaterial. Yo había visto una vez un fantasma en una revista de espiritismo de mi tío Pepe, que hablaba siempre de Eusapia Paladino, y el fantasma era un poco como la madre de Alcira. «Se parece a Ada Falcón», decía mamá, «sólo que en decente».

La madre de Alcira no miraba desde abajo, miraba desde lejos y más allá de lo que había delante. A lo mejor

91

por eso tenía esa cara de buena y decía que sí a todo. A lo mejor no se daba bien cuenta de lo que le pedíamos. El padre no; tenía cara de zorro y no se le escapaba nada. Papá decía: «Tiene un ojo de lince para descubrir al ruso a tres cuadras» —era el ruso de los trajes—. También estaba el de las colchas, pero a ése lo atendía la señora. A ese lo miraría como a mí, negándole la presencia y la deuda con esa sonrisa dulce y triste, como si contemplara el mundo de más allá, donde no había colchas que pagar y el ruso se iba siempre sin cobrar.

«Entre los rusos y estos criollos pura parada, ¿qué será de este pobre país?», decía papá. Yo me alarmaba, porque de mis amigas la que no era rusa era criolla: Sara, Raquel, Amalia, Leonor, y para que el país anduviera habría que echarlas a patadas y dejar sólo a los gallegos, algunos tanos y muchos alemanes, que por desgracia no había bastantes. Yo alemanes no conocía.

Mientras la madre de Alcira me dejaba atrás y seguía mirando cada vez más lejos, yo trataba de adivinar en la penumbra del comedor el oro retorcido de las molduras, las carpetitas flotando como golillas rizadas sobre la superficie brillante de las mesas y encima alguna desvaída figura de porcelana llena de puntillas también de porcelana, debajo de una lámpara de seda rosa con flecos. Yo le hacía preguntas a Alcira, pero la pavota no sabía explicarme bien todo lo que había en el comedor donde yo nunca entré porque, naturalmente, nunca me invitaron a tomar la leche. Además, ellos comían en la cocina.

Una vez más salí suspirando, sin haber visto casi nada y segura de que tampoco ahora conseguiría arrancarle ningún dato a Alcira, aunque la amenazara con dejarla arriba, sola en la pieza del baúl y la puerta que daba a la pesadilla de la escalera oscura, y mi hermano y yo esperando abajo hasta que considerábamos llegado el momento de liberarla, y entonces nos miraba como si fuésemos sus salvadores, como si no hubiéramos sido nosotros mismos los que la habíamos abandonado allí. Igualita a un perro. Como a los perros, la acariciábamos y la maltratábamos y no siempre para arrancarle el catálogo de las maravillas de su comedor, sino porque sí, para verla sufrir sin quejarse, sin ir nunca con el cuento. Cada vez que me acompañaba al almacén le hacía la misma: al llegar a la esquina yo cruzaba corriendo y la dejaba allí, en el cordón, mirando con aire desesperado ese ancho mar de la calle que no se atrevía a cruzar sola porque se lo tenían prohibido. Yo entraba en el almacén, y la veía allí parada como en un muelle, con sus rulos y su cara pálida, esperando el barco. La mayoría de las veces volvía a buscarla sin darle explicaciones que por lo demás ella no pedía. Me miraba desde abajo, agradecida, yo la tomaba de la mano y cruzábamos como si no hubiera pasado nada.

En el almacén me encontraba generalmente con Leonor, no hacía otra cosa en todo el día que ir y venir. «De los que compran diez de azúcar y diez de yerba», decía mamá. «Nosotros no, todo por kilo y por docena.» «En tu casa son ricos», decía Leonor, pero yo no le creía, aunque nunca la desmintiera. Esa riqueza era mi superioridad; ella en cambio tenía los pies grandes. «Si sigue así», decía la madre, «a los veinte le tienen que hacer zapatos de medida. Vos en cambio apenas vas a llegar al treinta y seis», y yo sufría, sin otro consuelo que medirme los pies con Alcira, que no llegaba ni al treinta. A Leonor la había operado el doctor Finochietto y tenía una cicatriz lindísima en el cuello, como una raya de tinta verdosa, medio borrada. Un quiste. «Por andar con perros», decía papá, que los detestaba. Por eso no teníamos perro en casa, pero en cambio la teníamos a Alcira.

A mí, además, me parecía preciosa. A Leonor también. Mi hermano no decía nada, pero nunca decía nada, salvo las palabras de los juegos o las de las peleas, que a veces eran las mismas. La novia de él era blanca pero flaca

93

y de pelo lacio. Yo nunca había tenido un novio y el tema ya empezaba a preocuparme, como el tamaño de mis pies, porque Leonor, sí, afilaba siempre con alguno y me contaba. Nunca entendí bien cómo era. Había en mi grado un chico que me gustaba, pero él no me daba corte; estaba enamorado de Delia Lecoq, que era hija de un comisario y estudiaba declamación y arte escénico. Además vivía en una casa con vestíbulo y vereda propia, que ella misma podía lavar (aunque tenía sirvienta), no en un departamento como nosotros. Yo veía los vidrios de colores del vestíbulo y me imaginaba en seguida las molduras. Pero a Delia nunca le pregunté nada.

En casa, en verano, había siempre leche fría con vainillas. A veces mamá añadía una pastafrola que había aprendido a hacer con las de Frías, unas señoritas viejísimas y tan educadas, que vivían en el departamento 3. Las de Frías tejían para afuera y se alimentaban a porotos.

«Los porotos dan flato», era el comentario de tía Isolina, y yo me quedaba pensando en esa palabra extraña sin sospechar que aludía a un fenómeno tan regocijante. Lo que nos hubiéramos divertido imaginando a las señoritas de Frías con flato.

Esa tarde había una pastafrola. La habían puesto en una bandeja con puntilla de papel, entre dos pirámides de vainillas. En la penumbra del comedor la mesa parecía el nacimiento que armaban todos los años para Navidad en el colegio San Antonio.

Alcira llegó con un vestido de organdí y zapatos blancos. A mí me compraban siempre sandalias de suela, que duran más.

«Demasiado fruncido», decía mamá, comentando con mi prima Enriqueta, que ya tenía como dieciocho años, pero venía siempre a casa y nos contaba todas las cintas que a mí y a mi hermano no nos dejaban ver. Sobre todo nos describía los vestidos. Ella se copiaba los de Joan Crawford porque también tenía los hombros así de anchos. Pero no los ojos tan grandes ni la boca, lástima. A lo mejor por eso tampoco conseguía novio.

Debajo de la pollera, Alcira llevaba una enagua con puntilla y una bombacha blanquísima.

«Aprendé vos», decía mamá, «grandulona, que te tengo que perseguir para que te la cambies».

Nunca entendí esa manía de cambiarse la bombacha, ni de lavarse el pescuezo, ni de desenredarse el pelo. Pero la perfección de Alcira era contagiosa, me embellecía, me llenaba de amor por ella y de ganas de hacerla sufrir. No sé si a mi hermano le pasaba lo mismo. Quizá sí, porque una vez, con Pedrito, habían puesto un gato recién nacido en las vías del tranvía y después fuimos a mirar, pero no dijimos nada y él tampoco.

Alcira saludó a mamá y se quedó ahí, frente a nosotros, sin decir una palabra. Supongo que la idea se nos ocurrió al mismo tiempo. No habíamos planeado nada, no se podía hablar de idea, pero sí de las ganas de jorobarla que nos daba tanta perfección.

—Pasá al comedor —le dije—, nosotros venimos en seguida.

Nos quedamos en el patio de atrás un rato que nos pareció larguísimo. No nos dijimos nada. Yo la imaginaba acercándose a la mesa con reverencia y maravilla, como a un altar, con las dos montañitas de vainillas y en el medio el lago de la pastafrola, los bordes oscuros del dulce de membrillo alternando con la masa dorada y lustrosa, y el mantel tan blanco y los vasos altos y transparentes. Seguramente ya estaba junto a la mesa, se quedaba un instante inmóvil, los ojos amarillos pasaban de una puerta a la otra del comedor por si venía alguien, una mano se tendía hasta la pastafrola, rozaba el dulce, la lengua pasaba por los dedos, los ojos volvían a circular entre las dos puertas y al fin la mano, que flotaba como un pájaro sobre las pilas de vainillas, caía sobre una. Había que darle tiempo de reacomodar la pila, de tragar la primera vainilla atorándose, de animarse a otra. Mi hermano y yo estábamos allí, al acecho de la presa que no veíamos pero que sabíamos segura, sin mirarnos, sin decirnos una palabra. Al fin le di un codazo y corrimos al comedor. Alcira se dio vuelta como un rayo. Tenía la boca llena. Nos acercamos.

—Una sorpresa para vos —le dije—. Abrí la boca y cerrá los ojos.

Se había puesto muy colorada. Alcira-perro nos miraba suplicante, tratando de tragar, ahogándose.

—Abrí la boca, pavota —dijo mi hermano.

Cerró los ojos pero igual se le veían asomar las lágrimas. Yo tuve ganas de decirle a mi hermano que la dejara. Él me miró, tal vez pensaba lo mismo, pero no se podía aflojar. Alcira-perro, nos dabas lástima, te adorábamos, pero estábamos allí para torturarte y después consolarte, para que te olvidaras de nuestra crueldad incomprensible de amados amos y nos lamieras otra vez la mano.

—¿La vas a abrir o no? —le dije, tironeándole la manguita tiesa de almidón.

Alcira abrió la boca: la tenía llena de una asquerosa pasta de vainilla y saliva. Las lágrimas le corrían por el pescuezo, se perdían en el escote del vestido. Mi hermano le metió otra vainilla en la boca. Sin abrir los ojos Alcira masticó y se tragó todo.

Cuando entró mamá, yo le estaba secando las lágrimas con una servilleta.

—¿Qué le pasa? —dijo mamá—. ¿Por qué llora? ¿Qué le han hecho?

—Nada. Parece que se atoró con una vainilla.

Nos sentamos los tres. Mi hermano le acercó las vainillas, yo la pastafrola. Alcira nos miraba con amor, agradecida. Nosotros habíamos perdido el apetito.

Capelladas

El barrio, el mundo, se terminaba en Quintino Boca-
yuva. Del otro lado empezaba un remedo torpe de lo que
ellos conocían, vagamente amenazador. La plazoleta con-
tinuaba con los mismos árboles, pero otro aire circulaba
entre ellos, los cambiaba de presencias familiares en som-
brías moles que se movían en bloque con el viento, como
si no estuvieran íntimamente divididos en la pluralidad
transparente y viva de las hojas traspasadas de sol y luz y
pájaros, proyectándose en sombras amigas y reconocibles
en la tierra rojo pálido. Era un mundo lejano, aunque estu-
viera allí al lado, con ruidos sordos e incomprensibles, con
habitantes diferentes y posiblemente temibles.

Había un solo paso seguro a ese otro lado; estaba abier-
to los nueve meses que duraban las clases durante las cua-
les se mezclaban las poblaciones de los dos mundos, aunque
en la escuela, tierra de nadie, se suspendían los orígenes, to-
dos eran igualmente extraños para ese sistema de jerar-
quías incomprensibles y respetadas. Al mediodía, los que
vivíamos de este lado cruzábamos Quintino y desde la ori-
lla de acá apenas mirábamos el paisaje ominoso en que se
perdían los delantales de los otros.

A la gorda no la conocíamos de la escuela, no sabía-
mos cómo se llamaba, pero venía de allá todos los días a
la misma hora, moviendo la boca como si hablara sola, en
realidad masticando algo con la misma resignada pacien-
cia con que se acercaba adonde estábamos nosotros. Algo
en su gordura pálida, en su desteñido batón de señora con
los botones desparejos, en las dos pelotitas de goma de los
ojos que corrían despavoridas de una comisura a la otra

97

sin registrar nada más que el puro miedo, nos decía que no tenía nada que ver con nosotros, que por lo tanto era la enemiga, una enemiga cuya aparente vulnerabilidad, cuyo miedo de manos húmedas no la hacían menos peligrosa.

Además estaba el paquete, más bien el atado de trapo gris. A todos nos preocupaba saber qué había adentro, pero nadie se atrevía a conjeturarlo en voz alta. Yo les había contado una vez aquella película donde una caja de sombreros albergaba como un relicario una cabeza cortada, y durante todo el tiempo la caja estaba allí, rodeada de un aura de pavor que la hacía levitar en el silencio monstruoso de la habitación. Ninguno hizo referencia a un posible perfil humano del paquete, pero estoy seguro de que todos lo habían pensado alguna vez. Extraño tráfico de cabezas el de aquella gorda Judith reiterando su decapitación cotidianamente.

Iba por enfrente pero nosotros no podíamos cruzar la calle; del otro lado de la plazoleta pasaba el tranvía y la prohibición era terminante. Cierto que también era vedado salir a la calle a la hora de la siesta, y allí estábamos los cuatro, prolongando en el sigilo de la conversación, en el zaguán de Hortensia, los gestos furtivos y las voces acalladas con que habíamos escapado de casa. Ella iba por enfrente, nos miraba de reojo desplazando velozmente las bolitas de goma, nosotros la afrontábamos desde la penumbra del zaguán, sin miedo, porque nos sabíamos protegidos por el número y el lugar. Al fin de cuentas, estábamos en nuestro territorio, aunque ella fuera infinitamente poderosa y maligna en su astucia de extranjera.

El primer paso no recuerdo bien quién lo dio, seguramente fue Hortensia, que proponía esas infracciones tan castigadas, quizá porque se sabía más capaz que nosotros de eludir la lluvia de cachetadas a la vuelta de cualquier aventura. Cuando vio venir a la gorda, se le ocurrió que cruzáramos a la plazoleta. Yo me quedé en el umbral, pretextando que así podría avisarles si la madre de alguno, interrumpiendo en la penumbra del dormitorio la lectura del *Leoplán* o la pesada siesta del verano, salía a ver qué estábamos haciendo. En realidad, el miedo a los castigos era quizá más fuerte en mí que el gusto de la aventura, pero eso no podía decirlo sin ver perdida para siempre mi reputación.

Así que los miré cruzar un poco separados, Hortensia siempre adelante. Al llegar a la mitad de la plazoleta se pararon los tres, Irma se agachó y recogió del suelo una chaucha de acacia, la largó al aire saltando también ella un poco, y los tres se quedaron mirando planear la vaina lentamente antes de posarse en la tierra colorada. Yo los vigilaba de este lado, quieto, como preparándome para el zarpazo siguiente; la gorda, del otro, seguía como si no los viera, pero me di cuenta de que las bolitas de gomas se desplazaban más enloquecidas que nunca. Entonces, de pronto, como si se hubieran puesto de acuerdo, los tres se adelantaron hasta el borde del cordón, Hortensia en puntas de pies, como una bailarina, aprovechando para exhibir esa destreza que las chicas le envidiaban y que la prometía a un destino brillante para cuando fuese grande. Desde el borde, Oscarcito se animó a gritarle:

—Gorda, ¿qué llevás en el paquete?

La gorda, con la cara bien alta, siguió andando y masticando como si no hubiera oído, y como tres gorriones levantando el vuelo desde un cable telefónico, los tres se echaron a correr y llegaron hasta donde yo estaba, colorados de risa.

Esa audacia los envalentonó. En adelante, cada vez que veían venir a la gorda, cruzaban a la plazoleta y repetían el juego, mientras yo me quedaba en el umbral, de vigía. Lo repetían añadiendo cada vez un nuevo detalle que los llenaba de satisfacción, que comentaban largamente: como cuando Hortensia había caminado paralelamente a la gorda por el cordón de la plazoleta; remedándola, y todos torciéndose de risa. Pero el día que Oscarcito se puso a orinar al paso de la gorda se convencieron de que ella era la que tenía más miedo, que la partida la habían ganado. Entonces cruzaron al otro lado. Esa vez yo me animé a dejar mi lugar en la puerta y me planté en mitad de la plazoleta para estar más cerca. Los tres se habían parado en la vereda, la gorda avanzaba como si no los viera, como si sólo pudiera masticar, deslizar las bolitas de goma hacia los costados. Pensé que le pasaba como al toro; había leído en *El tesoro de la juventud* que no ven de frente y por eso el torero se puede hacer el guapo, pero si el toro lo ve de refilón, el buen hombre está frito. La gorda más que toro parecía vaca, sobre todo cuando Hortensia, empinada en sus piernas flacas, se le acercó contoneándose, cortándole el camino. A mí me parecía que la gorda no avanzaba un paso, como si ella también planeara de pronto, livianísima sobre la vereda amarilla como una gran chaucha de acacia esperando el final del juego. Desde la plazoleta me dio lástima y grité, haciéndome el condescendiente:

—Dejala pasar que se va a mear del susto —pero ellos la siguieron en la calle vacía hasta la esquina.

Se sentía, la gorda también debía darse cuenta, que el juego tenía que terminar, pero a lo mejor le gustaba a ella también, porque nunca se le ocurrió cambiar de camino. Por eso la vez siguiente yo me adherí desde el principio, crucé con ellos y no sólo hasta la plazoleta, sino que nos instalamos los cuatro a verla venir, con bastante anticipación.

Hortensia avanzaba a su encuentro en puntas de pies, con Irma y Oscarcito a los lados haciendo contorsiones de murguistas. Me quedé junto a la pared, mirándolos, un poco avergonzado de no tener el coraje de acercarme yo también, pero fascinado por el grupo, olvidado de la posible aparición de alguien que nos pescara del otro lado de la calle. Hortensia, en vez de cortarle el camino, caminaba a su lado, apenas le llegaba al hombro, le preguntaba:

—Decí, gorda, ¿qué llevás ahí? —casi con cariño, como convenciéndola de que nos revelara su secreto.

La gorda seguía andando sin contestar. Entonces Hortensia:

—Si no me lo decís, no te dejo pasar —poniéndose delante, tocándole el mentón con el flequillo rubio y deshilachado.

—Son capelladas —dijo entonces la gorda, tartamudeando.

—¡Capelladas, capelladas, capelladas! —empezaron a gritar los tres, y yo tuve ganas de unirme a ellos y saltar alrededor de la gorda, que trataba de apurarse pero no podía. Al fin me decidí:

—A ver, mostrá.

—No.

Para mí que la gorda se avivó de que yo le tenía todavía bastante miedo, pero no contó con Hortensia, que estaba totalmente liberada.

—¿Qué se creerá esta gorda? Traé aquí.

Empezó el forcejeo. La gorda tenía agarrado el atado con las dos manos, Hortensia y yo tironeábamos, Irma y Oscarcito le levantaban la pollera. Así que en una de ésas la gorda, por bajarse la pollera, soltó una mano por un instante. Hortensia y yo seguimos tirando sin darnos cuenta de que era nuestro y el atado se abrió. Saltó una lluvia de capelladas como grandes pétalos de colores delicados, rosa, beige, verde pálido. Hortensia estaba loca por un par de zapatos color rosa. Se pasaba la vida anunciando que esa vez se los compraban, y al final aparecía siempre con sandalias de cuero marrón, como los demás.

—¿Y por esta basura tanto lío? —hubo como una indecisión. En el silencio la gorda se puso a juntar las capelladas, las fue acomodando en el trapo tendido, agachada.

—Ya van a ver con mi mamá —dijo casi llorando. El temblor de la voz fue decisivo. Oscarcito de un empujón la hizo caer de rodillas sobre el trapo. Entonces yo sentí la exaltación del coraje, largué una patada y todas las capelladas volaron por el aire una vez más. Hortensia, Irma,

Oscarcito las recogían gritando y las proyectaban con chillidos como si fueran las chauchas de acacia. La gorda, de rodillas en el suelo, lloraba sin disimulo, las lágrimas le corrían por los costados de la boca como el agua por el cordón de la vereda, y a nadie le hacía ya demasiada gracia. De pronto se queda petrificada, mirando un segundo al vacío.

—¡Me tragué el chicle! —dice, con un grito dramático.

Todos la miran. Eso no es lo previsto. A la vuelta, dicen, el año pasado murió uno con el chicle pegado a las tripas. Le abrieron la barriga, pero demasiado tarde. Nadie lo vio, ni siquiera la sacada del cajón porque fue antes de que terminaran las clases, estaban todos en el colegio. Ahora miran a la gorda esperando la horrible agonía que va a empezar de un momento a otro. Nadie se acuerda de las capelladas. Nadie se da cuenta tampoco de que se acerca Jovita, la tía de Oscarcito, la que trabaja en la fiambrería.

—¿Qué pasa, por qué llora?

—Se tragó el chicle —contestan todos con aire lúgubre, y la gorda sigue llorando.

—¿Quién le manda mascar porquerías?

Comentario de grandes, pobre gorda, no es el momento de decírselo. Juntan las capelladas, atan las cuatro puntas del trapo.

—Te acompañamos a entregar —dice Hortensia. Caminan como tres cuadras, por Agrelo. Se le han secado las lágrimas a la gorda, avanza con aire resignado y valiente, casi de iluminada, como en *Ben-Hur*, un cristiano entrando en la arena donde esperan los leones. Se mete en un local con la vidriera pintada de blanco para que no se vean los leones, sin duda. La miran pensando: adiós, es la última vez que te vemos.

Después se sientan en un umbral a compadecerla, a recordarla ya.

—A lo mejor se salva la gorda —dice Oscarcito, como al tanteo, buscando que alguno le confirme la esperanza.

—Bah, tan tan gorda no era —dice Hortensia, usando un pretérito nostálgico pero implacable. Se quedan pensando en eso, le ven la cara blanca, las piernas cada vez más finas, ya no tiene miedo, ya les sonríe.

Pasar no vuelve a pasar, pero tampoco se enteran de que en la otra cuadra haya habido un velorio. Y quién se atreve a cruzar Quintino Bocayuva, a pasar por delante del umbral gastado de la casa de la gorda, a imaginar su figura de fantasma doliente siempre con el paquete gris entrando por el caminito de baldosas que llevaban hasta la galería, al costado del jardín mustio, más que jardín gallinero abandonado. Y la madre, ésa sí, bien real, desmelenada, saliendo a acusarlos del crimen.

Además después ya no habría tiempo para el juego. Empezaron las clases, la hora de la siesta era la hora de los deberes. Hubo pocas novedades, salvo la mudanza de Hortensia y Oscarcito. Pero ni siquiera la mudanza fue demasiado memorable. Apenas un carro con una pila de sillas de paja, un aparador, un ropero con el espejo rajado y muchas camas. Nada realmente interesante.

Cuando Oscarcito reapareció, para el carnaval siguiente, era casi un desconocido. Pero deslumbrante: el hermano mayor lo había metido en una comparsa y venía pintado como un artista, con camisa colorada a lunares, mangas fruncidas, faja verde y pantalones blancos, impecables, como las zapatillas de goma. Y estaba altísimo. Todos lo rodearon enseguida. Él los miraba con cierta displicencia, masticando un chicle.

Uno se acordó:

—Atenti, a ver si te pasa lo que a la gorda.

—¿La gorda? Si no le pasó nada. Está lo más bien. Va con el atado por Agrelo, ida y vuelta. Y ya no es gorda. Ahora usa taquitos.

Una visita

Nos preguntábamos de qué vivían. Porque con las raras colaboraciones de Sofía para algunas revistas que pagaban con moneda fuerte era imposible mantenerse aunque fuera de modo tan precario. Estaba el primo Manuel, que tenía un buen empleo. Dicen que les pasaba una mensualidad, que pagaba las cuentas del médico y la farmacia. En todo caso, lo veíamos llegar con cajas de cartón llenas de latas, sopas en sobre, fideos, arroz, café. ¿Y si Manuel se casa? Viendo su cabeza de alfiler coronando un cuerpo que se perdía en un grueso y flojo traje de tweed para reaparecer en dos manos y dos pies minúsculos, parecía improbable que alguien pudiera casarse con él, pero decían que tenía una amiga. Si se casaba, adiós paquetes y cuentas pagas.

Todo se lo comerían seguramente los perros y los gatos. Ellas vivían del aire, decían, pero flacas no estaban. La menor, Emilia, era enorme, hierática. Tenía un volumen estatuario: la cara de la Dama de Elche y las piernas... bueno, las del Coloso de Rodas, me imagino. Monumentales. Contaban que había sido hermosa, que había tenido una vida dramática en la que no faltaba nada: pasiones, divorcios, guerra civil, éxodo. En el capítulo penúltimo aparecía recorriendo infinitas oficinas de la Gestapo, obstinada en largas gestiones para identificar el paradero de su amante, fusilado al fin por los nazis. En el último capítulo era una viuda resignada y doliente, de no ser por los fulgores de pasión que reaparecían cuando se trataba de los perros y los gatos.

En cuanto a Sofía, era difícil decir dónde empezaba su humanidad y dónde terminaba. Quizás el bulto y la consistencia estuvieran dados por los trapos, quizá por una triste cascada de grasa gris y pellejo flojo. Era casi tan miope como la menor, pero no lo confesaba ni nadie le había visto jamás los anteojos. Por lo menos en público nunca se los ponía. Según ella, a veces veía bien, a veces mal, por oscuras razones que la remontaban, en una escala de místicos alemanes y trágicos griegos, a las más vertiginosas alturas desde las cuales éramos nosotros los que definitivamente no veíamos nada.

Pero en todo caso, cada vez que buscaba un libro (y era lo único capaz de buscar y sobre todo de encontrar), metía la nariz en la biblioteca como si los reconociera por el olfato. A lo mejor cada filósofo tiene su olor. Lo cierto es que al llegar a la casa, que se desmoronaba sobre una explanada de tierra llamada pomposamente por ellas «la terraza», se tenía la impresión de que la filosofía era bastante hedionda, aunque los visitantes que profesaban el realismo ingenuo, como nosotros, descubriéramos en seguida que lo que olía eran los gatos, trece, encerrados en una de las habitaciones de arriba. Los perros eran menos, apenas siete, y andaban sueltos dando vueltas alrededor de la casa, ladrando sin ton ni son, tal vez porque veían tan poco como sus amas y todos los olores que no fueran los de la filosofía les resultaban igualmente sospechosos.

Sofía salía a recibirnos a la puerta. Afortunadamente era ella quien la abría y cerraba. Ninguno de nosotros hubiera tenido la seguridad de no quedarse con la falleba en la mano. Nos guiaba, lazarillo ciego, por un pasillo mal iluminado hasta la puerta de la sala, bastante grande, donde tronaban dos espléndidos sofás enfrentados, inesperadamente elegantes, de raso color marfil y de una consistencia irreal, de cuerpos astrales, fantasmas de otro tiempo más afortunado y con menos olor a gato.

Emilia, que sufría de las piernas, estaba instalada ya en un sillón amplio que ella llenaba generosamente, sonriendo a todos y a nadie, saludando con una voz melodiosa, mirando sin ver a través de unos cristales muy espesos que achicaban sus pupilas y las llevaban a un lugar bastante remoto desde donde emitían cordiales pero desalentados fulgores de reconocimiento. En aquel desvencijado santuario en que se había convertido la casa, cualquiera hubiese pensado que era ella la divinidad principal y que Sofía, más ágil de piernas y quizá no tan cegatona, al menos por momentos según ella decía, era la sacerdotisa dedicada exclusivamente al culto. Pero los que íbamos allí sabíamos que no, que la diosa se disfrazaba de sirvienta por un rato, para mostrarse de pronto en todo el esplendor de sus inesperados y deslumbrantes milagros.

—Sus cuentos son preciosos —decía Emilia al nuevo que hacía la devota peregrinación al santuario por primera vez. Y no se equivocaba nunca de género, tal vez porque su hermana la aleccionaba antes de que llegaran los fieles, tal vez porque reconocía a los autores también por el olor—. Mi hermana me los contó anoche.

Evidentemente, como dijo alguien alguna vez con ese gusto dudoso que a mí me hace tanta gracia, la Dama de Elche no había salido de la etapa oral. No se le ocurría que un libro pudiera leerse. Su hermana, que leía todo, le contaba todo. Qué quedaba del autor era algo que éste se preguntaba con cierta zozobra. Yo creo que en más de un caso saldría ganando. Por lo menos adquiriría esas virtudes que jamás faltaban en las palabras de Sofía: la coherencia del discurso, la justeza de los adjetivos y sobre todo esa cortesía con el auditor, incluso en el sarcasmo, que yo calificaría de clásica.

En principio, Sofía ofrecía siempre al nuevo de turno su cara de deslumbrado, súbito amor. Eso era para empezar, mientras se informaba de las actividades del joven (casi siempre lo era) autor; después se ponía a hablar y parecía entonces olvidada de todos, como si hubiera dejado de vernos y contemplara en cambio la verdad, escrita con

106

letras inmarcesibles más allá de la habitación y de la casa y del lugar, brillando para que ella nos la descifrara.

El trance podía durar toda la noche. Pero podía no empezar. Bastaba que el nuevo visitante, ignorando hasta dónde llegaba la zoofilia de las dueñas de casa, hiciera una observación descortés sobre la araña que había descubierto en un rincón de la sala, por ejemplo, y, peor todavía, se dispusiera a acabar con ella. Si no era expulsado de inmediato, debía agradecerlo a la refinada hospitalidad de las dos hermanas. De todos modos, era más que probable que el desventurado quedara relegado a un rincón donde se oían gemir fantasmales corrientes de aire, sin sospechar qué era lo que había transformado la primavera de su llegada en ese destierro siberiano. Lo mejor que podía ocurrir en ese momento era que Sofía diera el salto a la mitología y se pusiera a explicar su visión de Aracné. Metida entonces en la tela de araña del mito que tejía y complicaba con infinitas citas clásicas, se olvidaba del pecador y hasta era posible que volviera a mirarlo, si no con el deslumbramiento del comienzo, por lo menos con la benevolencia de quien comprende las debilidades ajenas y es capaz de perdonarlas. Pero entre tanto había sido ella la gran araña y nosotros estábamos ya enredados en su tela, moscas consintientes que no querían escapar, olvidados de las galletitas saladas siempre un poco húmedas, del acre y frío olor a gato, del grisáceo país sin imaginación, perdida en el cual una Aracné ignorada tejía cada domingo una nueva tela.

De todos modos, debajo de la hospitalidad y el interés que demostraban por quienes se acercaban a ellas, siempre sospeché, si no desprecio, por lo menos una profunda y quizá justificada desconfianza hacia el género humano. Y si eran tan cordiales con sus amigos y los amigos de sus amigos, tal vez fuera porque no tardaban en reconocerles un parecido con algún animal, no siempre halagador para el sujeto, pero para ellas enaltecedor. Para adivinarlo, Sofía era verdaderamente una bruja. Lo malo era que, siendo para ella tan evidente la relación entre el signo y la fisonomía, no tenía reparo en poner amistosamente a prueba al interlocutor, con la intención de dejarlo bien parado, naturalmente. Si éste era, como yo, absolutamente ciego y sordo a toda manifestación de lo oculto, la situación podía volverse muy incómoda. A mí me dijo mi signo como si lo llevara impreso en la corbata, así, de entrada, sin la menor vacilación:

—Pero si está clarísimo. Míreme usted bien y acertará con el mío —me desafió amistosamente, convencida de la exactitud de mi respuesta.

No tuve más remedio que mirarla. Le vi los ojos tristes y opacos, los párpados caídos entre infinitos pliegues, las mejillas dilatadas pero fláccidas compitiendo en el derrumbe, la boca confusa, el pelo ralo y mal teñido, peinado a lo Cristóbal Colón. Pensé, recordé las minuciosas e inútiles lecturas de horóscopos que mi mujer hacía todos los meses para saber qué nos reservaba el destino a ella, a mí y a todos los conocidos, me acordé de la inspiración, la sabiduría, el contacto con las fuerzas extrañas, todas cosas de las que tanto he oído hablar y de las que sólo tengo un conocimiento así, de palabra, y reuniendo todo eso dije, como quien dispara un tiro al aire por si pasa una avutarda:

—Piscis.

Meneó la cabeza.

—Míreme usted bien —dijo con paciencia.

«Canis», pensé, pero no lo dije.

—Tauro, amigo mío. ¿No ve usted mi cuello de toro uncido, mi cuello sacrificial de ajusticiada?

Y era cierto, el cuello era inesperadamente fuerte y corto, aunque la cara, encima, decididamente perruna. De todos modos, mi fracaso quedó olvidado en seguida. Sofía había entrado ya en el laberinto diseñado por Minos, compartía ya las desventuras del toro con cabeza de hombre, vilipendiaba a Teseo y todos íbamos decidiendo *in mente* que esa misma noche empezábamos esas lecturas que la habían vuelto tan clarividente, aunque supiéramos que nada ni nadie podría darnos su inspiración. Por lo menos a mí.

Esas misas mitológicas se celebraban los domingos, con la presencia de media docena de devotos más algún visitante nuevo, y casi siempre Manuel con sus providenciales cajas de provisiones. Manuel solía ir también en mitad de la semana: las mujeres no tenían teléfono y era un poco inquietante saberlas tan solas. Los vecinos eran escasos, poco amistosos y lejanos. Tal vez estuvieran enterados de las novenas que rezaban las dos fervorosamente para salvar a los conejos y a los jabalíes de las cacerías otoñales.

El hermano no iba casi nunca. Porque tenían uno, Pascual, del que rara vez hablaban. Manuel decía que era un poco raro; algunos que lo habían visto lo consideraban francamente anormal. Decían que era parecidísimo a Carlos el Hechizado, por dentro y por fuera, y cuando lo oí no me extrañó demasiado porque ellas también tenían esa fealdad triste pero digna, aun en el ridículo, que se ve en tantos retratos de la familia real española. En fin, las hermanas no decían nada, ni mencionaban siquiera sus rarezas. No, lo que alguna vez comentaron con tristeza es que detestaba a los gatos, causa según él de todos los males que aquejaban a la familia. Y quizá Pascual fuera tonto, pero no tanto como para no tener razón de vez en cuando. Porque si habían ido a parar a esa vieja quinta destartalada, perdida en la nieve en invierno, en el barro en el otoño y el resto del tiempo entre matorrales que invadían pésimos caminos de tierra, es porque era el único lugar donde diecisiete gatos nunca habían sido mal vistos quizá por la sencilla razón de que no había quien los mirara (ni los oliera) en dos kilómetros a la redonda.

—Pascual está en la ciudad —dijo una vez Sofía, con despecho, a alguien que preguntaba por su hermano—. Se ha ido allá, a mirar los coches por la ventana —lo decía no como si fuera una extravagancia o una señal sospechosa de inferioridad mental en un hombre de casi cincuenta años, sino como si se tratara de un capricho maligno y reiterado. Era cierto, lo supimos por el primo; Pascual se instalaba el día entero junto a una ventana, a eso, a mirar pasar los coches. Era inofensivo, apacible, incapaz de matar una mosca, decían las hermanas, y quizá lo decían para conjurar lo que, como buenas brujas que eran, debían de haber sospechado hacía mucho tiempo. Pero por la quinta rara vez aparecía.

La primera vez que lo vi, que resultó la última, fue un domingo de fines del verano pasado. Llegamos en dos coches, como solíamos, con un par de pollos asados y algunos dulces. Yo maldije, como de costumbre, las ramas de los espinos que invadían el sendero y me rayaban sin piedad la carrocería del coche nuevo. A Pascual lo vimos antes de bajar del auto. Adiviné que era él no sé por qué; confieso que no le vi el parecido con Carlos el Hechizado, y además tampoco pertenecía a la misma especie animal, noble y bondadosa, de sus hermanas. Para mí tenía cara de zorro, los ojos chicos y muy juntos que le daban un aire astuto y estúpido a la vez, la nariz larga, de hurón, y al final de unos bracitos cortísimos las manos cuadradas con unas extrañas uñas puntudas. Se acercó a saludarnos. En la cortesía, sí, se parecía a sus hermanas. Besó la mano de las señoras; mi mujer se la estuvo frotando después largo rato contra el vestido. Pero eso lo hacía siempre y con todos.

Pascual pasó de esas ceremonias de hidalgo español a la más absoluta indiferencia por nosotros. Eso sí, me pidió permiso para mirar mi coche, y se quedó mascullando, evidentemente indignado, no sé qué cosa delante de las rayaduras que me habían dolido como en carne propia, y en ese momento reconocí en él a un hermano y me olvidé de las diferencias. Cuando entramos en la casa estaba ya dentro del auto, examinando minuciosamente todo el tablero y las palancas y la radio y el reloj eléctrico que eran mi orgullo inconfesado en aquellos días.

En toda la tarde nadie se acordó de Pascual. Sólo a la noche, al ir a servir el caldo, la Dama de Elche dijo a Manuel:

—Llévale una taza a ese insensato, que ha de tener frío a esta hora.

Después seguimos charlando y Pascual volvió a caer en el olvido. Hasta que en medio de una cita de Hölderlin que Sofía recitaba con el plato de pollo sin tocar sobre las rodillas y los ojos en alto, como si estuviera escrita en el cielo raso descascarado, justó allí se oyeron unos crujidos.

—Es Pascual, que ha de haber subido a buscar un suéter mío —explicó la Dama de Elche, que evidentemente se guiaba más por el oído que por sus débiles ojos. Me imaginé a Pascual perdido en una inmensa tricota que le llegaría a las rodillas, porque era mucho más menudo que sus hermanas.

Y bruscamente pasamos de Hölderlin a Dante. Algo infernal. Maullidos, maldiciones, disparos formaron en seguida una cosa compacta y única con nosotros corriendo escaleras arriba, a la cabeza las dos mujeres que de pronto veían, de pronto tenían las piernas ágiles, y un desfile de gatos enormes, hirsutos, enloquecidos que trataban de bajar pasando entre nuestras piernas, y patas y colas pisoteadas y arañazos y bufidos y un reparto general de patadas que no sé si recibieron los gatos, pero a mí me quedaron los tobillos negros.

En lo alto de la escalera estaba Pascual, pálido, apoyado en el marco de la puerta, la cara rasguñada, un matagatos humeante en la mano.

—No dejaré uno vivo —repetía, jadeando.

La Dama de Elche lloraba silenciosamente. Sofía, totalmente olvidada de nosotros, se había puesto los anteojos.

111

Apartó al hermano sin mirarlo y sacó en una canasta, de la habitación vacía de gatos pero llena de su olor mezclado con el de la pólvora, tres animales muertos.

El finado

Ahí se asoman de nuevo esos dos, estarán esperando que termine de despedirme para venir a poner la tapa. Bien vestidos, ¿se encargará la compañía? Con lo que sale ahora un traje negro; no creo que les dé el sueldo para tanto. Antes, me acuerdo, a nadie le faltaba para un casamiento o un velorio. El de Eusebio, que se lo compró cuando se casó la Elvira (porque cuando nos casamos nosotros, de qué traje negro me estás hablando, ni negro ni de ningún color, los trajes eran para los ricos de la ciudad), todavía lo debe tener nuevito, tantas ocasiones de ponérselo no se le presentaron. Y vaya a saber si aprovechó la última. A lo mejor lo vistió el camarero, antes de echarlo al agua. O él no se lo quitó, no habrá tenido tiempo, ni ganas, ni fuerzas, si se murió esa misma noche, como dicen. No le pregunté a Raulito qué traje llevaba cuando fue a despedirlo al puerto. El sobretodo sé que no; se había comprado uno nuevo, para el viaje, pero parece que no se lo aguantaban los hombros. Quién te ha visto y quién te ve, Eusebio, nadie te ganó una pulseada y al final no servías ni de percha. Aunque las ínfulas no las habrás perdido, ni la saña. Seguro que te alegrás de todo esto. A vos no te importó nunca nada de Raulito. Le tenías bronca, siempre pensaste que era un papanatas, un inútil. Porque nunca te alzó la voz, ni siquiera cuando lo tratabas de marica. ¿Qué tiene de malo que le gusten los chicos? En eso sale a vos, también te gustaban, Eusebio, era con los únicos que te entendías, los únicos que te querían. A lo mejor Raulito no te perdió nunca el cariño porque fue siempre así, un chico. Tanta lucha para hacerlo comer. Yo atrás de él ofreciéndole un bifecito de lomo, unos lindos fideos con manteca y mucho queso. Pero a él usted lo arreglaba con dos huevos batidos con azúcar y vino. Tu hermana decía que era por el vino; y qué hay con eso, alguna alegría en la vida tenías que tener, siempre aquí con tu vieja charlándole, haciéndola reír con tus cosas mientras los demás se iban casando y cada sapo a su pozo, de la madre y del hermano soltero se acordaban sólo para venir a espiar y a sacarle el cuero, que si cuándo vas a conseguir un trabajo mejor, que si lo único que sabés hacer es chupar. El vino también alimenta, digo yo. Eso cuando no me vienen con la historia de los atorrantitos aquellos que te hicieron perder el trabajo en el bar, te acordás, preparabas los sánguches que parece que nunca salieron iguales, venían del centro a probarlos, el mismo patrón me lo decía hoy. Pero cuando te echaron, de los sánguches les importaba un pito. Lo que les importaba eran los chismes del barrio, y a tus hermanos igual, como si hubiera que hacerle más caso a esa gentuza que a uno de la propia sangre. La gente del barrio… ahí las tenés a esas brujas esperando que me arranque los pelos porque te van a encerrar dentro de este cajón lustrado, una bombonera, con puntillas almidonadas todo alrededor, cómo te gustaría verlas, te hacen un marco de lo más lindo, y vos ahí tan pancho, con la barriga redonda que tanto nos hacía reír. Van a tener que empujar para poder atornillar la tapa. Hinchada como la de tu padre, dicen tus hermanos. Lo único que le quedaba, además de la nariz que le había crecido tanto y la tenía colorada como el cuadro que me mostró la Elvira en el consultorio del doctor, un viejo con una nariz como una batata brotada, con el nietito, un nene precioso, un ángel. Dice la Elvira que estaba igualito. A lo mejor te dio por empinar el codo, Eusebio, aunque nunca habías sido borrachín. Pero te quedaste solo como un perro y con algo tenías que consolarte. O aliviarte el dolor de barriga, si te dolía tanto. Cómo la tendrás ahora, flotando como un bagre negro, si es que te pusieron el traje, con la plata toda junta atada a la cintura en la bolsita que te hizo la Chola para que no te la robaran. Aunque si los del barco te la vieron al vestirte, habrán aprovechado. Me gusta. Lo que no le diste a Raulito para que se comprara la camioneta que le vendía el Turco, una pichincha, y ahora podría estar trabajando por su cuenta, se lo estarán chupando unos cuantos desgraciados en el barco que te llevaba a tu pueblo, donde te ibas a curar, decías. Y si no te la robaron, se te estará destiñendo en la bolsita, a ver para qué te sirve ahora, si ya ves, ni siquiera tenías que gastar en el pasaje, te vas a nado nomás, vas a ver de cerca cómo el agua marrón se va poniendo celeste y fría y cuando llegues a Vigo te van a estar esperando las gaviotas. Sos capaz de llegar, gallego, a terco no te gana nadie y si decidiste tomarte tus aguas de Mondariz, te las vas a tomar. Porque yo segura de que espichaste no estoy, mientras no te vea enterrado y pudriéndote como Dios manda no lo creo. Harán falta muchas paladas de tierra para que nos dejes en paz. Hasta entonces no vamos a descansar, seguirás haciendo perrerías. Si creés que me chupo el dedo. Las chusmas esas de al lado me miran, pensarán que estoy loca. Ni se imaginan de qué me río. Años esperando a poder entrar en lo de doña Rosario, eh, para curiosear. Pero de aquí no pasan: la pieza pelada con los cuatro velones apagados, el cajón y las cadenas alrededor para que el finado no se nos escape. De aquí las dejo pasar al zaguán o a la cocina, para el café. Ni al servicio van a entrar; lo cerré con llave; si quieren mear que se vayan afuera. El juego de comedor que me compraste, Raulito, vos que te gustaban las cosas lindas, es sólo para tu mamá. Me voy a sentar en una de las sillas tapizadas en cuerina y nos vamos a divertir, después que lo enterremos al viejo. Primero le van a aplastar la barriga con la tapa para que no pueda flotar. Cuando la Elvira lo fue a ver a la pensión de la Avenida de Mayo dice que todavía no la tenía tan grande. Dice que la pensión era de categoría, la cancela con cortinas de macramé de esas de antes, hechas a mano, el patio de baldosas brillantes con techo de vidrio para que no llueva y macetas de palmeras. Parece que lo tenían bien conceptuado en el trabajo, al viejo, dice que se sentaron en los sillones de mimbre del patio como si él fuera pensionista y no el mucamo, y recibiera una visita. Dice la Elvira que estaba limpio pero que tenía la camisa remendada. Seguro, los pesos que nos tacañeó a todos se le fueron en el almacén que se compró allá por la loma del peludo, parece que hay indios todavía, indios que compran con libreta. Y vos, Eusebio, para las cuentas nunca fuiste una lumbrera. Sabías contar con los dedos y gracias. Pero para guardarte toda la plata no precisabas más. No nos quedó más que la casa, eso sí, bien cuidada; era tu locura, que la pintura que hay que renovar, que el techo que un día de éstos se llueve, que el revoque de los zócalos está flojo. Por esta casa de mierda reventábamos todos. Desde que se fue tu padre, Raulito, no la volví a pintar; que se joda el viejo, si se entera de que las paredes se descascaran, que hay algún vidrio rajado, que los postigos no cierran bien. Malditos postigos. ¿Te acordás la que se armó porque vos te equivocaste al mezclar el azul y no salió igual al de las puertas? «Marica de mierda, el único azul que sabés mezclar es el que te ponés en los ojos», me acuerdo que te gritaba, y te corría por el patio con la brocha. A vos, tan educadito que fuiste siempre, como si te hubieras criado en otra casa, un artista. ¿Cómo te iba a entender ese gallego bruto, cómo iba a entender que un artista se puede pintar, que tiene que ser fino? El día de los postigos me harté y ahí mismo le dije: «En esta casa no hacés más falta». Él dijo que se iba. Se creyó que yo me iba a poner a llorar, como cuando ustedes eran chicos y yo no tenía con qué llenarles la boca si él me plantaba. «Andate», le digo, y va, se compra el almacén, se funde, se mete de mucamo en la pensión y si te he visto no me acuerdo. Ni una vez pasó por aquí a ver si todavía estábamos vivos. Yo creo que tenía miedo de encontrarse con la casa medio derrumbada. O de que le pidiéramos plata. El veneno se lo tuvo que ir tragando, ya no tenía en quién descargarlo. Así se le picó el estómago. Qué aguas te iban a curar. Y si lo que querías era agua, ahí la tenés, no te podés quejar, todo el río de la Plata, todo el mar. Antes, eso sí, te habrás dado el gusto de hacer una maldad más, porque Raulito, la misma noche que vos te morías, se me descompuso. De la impresión, pobrecito. Dice que le dio no sé qué ver cómo papá se agarraba a la borda del barco, como si lo estuvieran tironeando del otro lado, y que respiraba corto, le iba quedando poco aire adentro.

Qué iban a ser los huevos y el marsala, como decía la Chola. Una semana a tecito y seguías igual, Raulito. Al final te llevamos al doctor, dijo que había que abrirte la barriga, que tenías el hígado como la piedra de Tandil. Total, para que te mandaran de vuelta a casa a que te murieras en buena compañía. ¿Quién habla de morirse? Esos doctores no saben nada, lo único que quieren es hacer pruebas en la barriga de los otros, porque cuando le toca a uno de ellos, radiografía va, radiografía viene, análisis de cualquier cosa y a Norteamérica a meterse en el hielo hasta que aparezca el remedio, como dice esa revista que me mostró la Chola. ¿Te acordás del día que te trajimos del hospital? Cuando nos quedamos solos, vos me pediste que te pusiera mi batón nuevo, ese de náilon rosa todo acolchadito que me regaló la Chola para mi cumpleaños. Hiciste un esfuerzo y te fuiste a mirar al espejo del ropero. Estabas tan pálido, te tuve que poner un poco de colorete, vos mismo me lo pediste para que no me impresionara. Siempre pensando en la mamá, mi tesoro. Entonces la llamé a la vieja Petra; hacía rato que tenía ganas de traerla para que te viera, tus hermanos no querían. Pero no les conté nada, la Petra vino, te miró, te tocó de arriba abajo y me dijo que era un empacho muy viejo, que estaba muy agarrado y que ella no respondía. La sorpresa de tus hermanos cuando vinieron a visitarte. Empezaste a comer de todo, te pusiste gordito, contento, todo el día ahí sentadito con tu mamá, escuchando la radionovela donde si no hubieras tenido un padre tan bruto seguramente habrías hecho carrera. ¿Te acordás cuando te empezó a crecer la barriga? Me decías, muriéndote de risa: A lo mejor son mellicitos, y me hacías apoyar la mano para que yo sintiera cómo se movían. Ay, qué plato. Yo quería que te metieran en el cajón con mi batón rosa, pero tus hermanos empezaron qué van a decir los vecinos, como si a alguien le importara. A mí me hubiera gustado que te vieran llegar allá vestido de rosa. La cara de tu padre, sobre todo. ¿Se atrevería a decirte marica? Allá será más respetuoso, sobre todo delante de tu tía Ernestina, que nunca le permitió una palabra más alta que la otra, y de la nena, la Negrita, que se nos murió cuando todavía no había cumplido un año y que él lloró tanto, pero quién tuvo la culpa, eh, con esa bronquitis y yo me la tenía que llevar al zapallar porque había que seguir zapando la tierra, no se fuera a perder un zapallo, y la Negrita con ese ronquido que daba pena y nomás llegar a la casa vi que estaba morada y ni el ronquido le salía de la boca. La primera hija que tuvimos. Estarán todos encantados de verte, te van a preguntar cómo andamos, debe ser aburrida tanta tranquilidad. Si tu padre te pregunta por la casa, contale, decile cómo se viene abajo, decile que las gallinas se escapan por los agujeros del alambre y andan cagando por el patio, decile que saqué el águila plateada que había puesto a la cabecera de la cama porque era partidario de los alemanes, decile que las canillas gotean y que nos han escrito de todo en las paredes. Decíselo si es que está, si es que llega antes que vos, si no anda todavía envenenando el agua. Sos tan bueno, ya sé, que no vas a abrir la boca, sobre todo no le vas a contar que la tarde que te despediste de él te pasó el mal. ¿No viste cómo te creció la barriga, esa barriga que no es tuya, vos con aquella cinturita, sino de él, podrida de veneno, inflada ahora de agua? Por eso no me importa que se la aprieten al poner la tapa, que le hagan doler una vez más, que te retuerzas, Eusebio, como te habrás retorcido solo esa noche en el camarote. Me dan ganas de ir y ayudarlos a atornillarla para que no puedas moverte más y te pudras ahí dentro y termines de hacernos mal. Pero me sacan de la pieza entre la Chola y la Elvira con muchísimo cuidado, como si fuera a romperme, vamos a la cocina, la Chola me alisa el pelo, me quiere hacer tomar una taza de caldo, dos días que no come, hay que seguir viviendo, tratan de distraerme para que no vea a los hombres que se llevan el cajón lustrado rayando las paredes, y sigue la mudanza, un velorio es una mudanza en dos tiempos, todo se queda vacío, hay un olor pesado a flores marchitas, a gente que no ha dormido, que ha llorado mucho, unos para quedar bien, otros por contagio, a quién le importa de vos, a mí menos, total ahora, cuando no quede nadie, me voy al comedor, abro las puertas para que se ventile un poco y me siento junto a la mesa con el tazón azul, el marsala, dos huevos y te los bato hasta que se pongan como una crema.

Adelaida rota

A veces uno se pregunta por qué se acuerda de algunas cosas y se olvida de otras. No sólo eso: por qué insiste con tanto empeño en no olvidarlas si no consigue descubrir la razón de que estén ahí, ocupando el lugar que en la memoria deberían llenar fechas, onomásticos, caras amadas o detestadas. Pero no, una se empecina en verse así como ahora yo me veo en un tiempo remoto, montada por primera y última vez, que yo sepa, en un caballo veloz, apoyada en la pared protectora de un cuerpo tibio, cabalgando por una llanura enorme que se van tragando por atrás las sombras del atardecer y que por delante se come el fantasma de un pueblo adivinado, quizás inexistente. Eso está tan lejos que es necesaria una encuesta tozuda para saber cuándo y cómo, y nunca con seguridad.

A lo mejor fue tu primo Emilio, aquella vez que volvían de San Amaro y llegaron un poco tarde y yo estaba tan inquieta. «Es un disparate salir a caballo con una nena tan chiquita», le había dicho. Y me la trae colorada de sol, como borracha, y esa misma noche delirabas con Adelaida que se cae y se rompe, se hace trizas contra el suelo pedregoso, junto a un mar en silencio. Eso dice que lo dije después, cuando pensaba en la cosa, no la noche del delirio, porque a esa edad, dos años o tres, tal vez ya eran tres, no se puede hablar de suelo pedregoso y de olas enormes que se rompen sin ruido contra un acantilado. Aunque uno llega a pensar si lo que hacen los chicos no es encontrar las palabras con las que han de nombrar, cuando todo se ha perdido, las cosas que supieron en su momento, con esa percepción intensa e infalible del que ve sin poner nombre.

Aquí alguien me repetirá, ya me lo han dicho, que no hay cosa si el nombre no está ahí como pantalla y como espejo, para tapar y descubrir al mismo tiempo, para incitar a ver lo que de otro modo no miraríamos. Yo sé que me tiendo en la cama, me tapo bien, incluso la cara y siento el calor dulce de un cuerpo, un espacio interminable como la felicidad y la certeza del amor que le da a la escena del crepúsculo un rosa creciente y no declinante, un rosa de alborada.

A Emilio no le puedo preguntar nada. Se ha vuelto espeso, no tiene más memoria que para los pagarés ajenos que irremisiblemente van venciendo en su favor, tantas cosas serias no le dejan tiempo para rellenar absurdos huecos en la memoria de los demás ni en la propia siquiera, porque me mira con asombro cuando le digo vos ya eras un hombre, ¿cómo no te acordás de aquella tarde?

La única que algo de memoria tiene es mamá. Siempre me consideró un poco rara, me mira como a un bicho y toma por peculiaridades cosas que para otro serían triviales o francamente incomprensibles, con la sospecha de que su sentido oculto es un sinsentido más. Por ejemplo, me dice, la misma frase la repetiste cuando se te rompió aquella muñeca más grande que vos que habías sacado a la puerta para lucirte. Los placeres de la vanidad te duraron poco; apenas una tarde, un rato de una tarde. Volviste corriendo, despavorida, gritando: «¡Se rompió Adelaida!», y yo al principio no entendí, porque no sospechaba que le hubieras puesto ese nombre a la muñeca, no es un nombre de muñeca, en todo caso no es el nombre que a los cinco años una le pone a su muñeca. Corrí a la puerta y la vi caída de bruces delante del umbral, el pelo rubio tapando la destrucción imaginable de la cara. Esa noche también tuviste pesadillas. Te desperté y hablaste del mar y de Adelaida rota sobre las piedras. Yo te dije: «No hay ninguna Adelaida, dormite». Y te dormiste sin sueños y por la mañana estabas bien y llevamos la muñeca a arreglar.

¿Y no te llamó la atención que una vez más hablara de Adelaida? Sí, me llamó la atención porque era un nombre raro en la familia, entre los conocidos, pero los chicos son así, vaya a saber dónde lo habrías oído.

Naturalmente, a vos, Emilio, es inútil que te pregunte, no te acordás de nadie que se llamara así, o de alguien, sí, pero muy lejos, sin importancia. En todo caso, fue antes. ¿Antes de qué, Emilio? Éste es un orden sin antes ni después. ¿Quién cree en el antes y después, Emilio? No me mires con esa cara del que habla con una loca. Cuando corríamos por la planicie, yo sabía que aquella felicidad no era un anuncio de la que después conocimos, ya era la de después, así como ahora es inútil que me digas que no hay ninguna catástrofe unida a esa felicidad que conocí con alguien de quien nunca estuve tan cerca como a los tres años, en un caballo que corría hacia un pueblo perdido en el rosa de un crepúsculo. No importa que no seas aquel adolescente de pelo revuelto de quien me enamoré entonces, ni yo de quien te enamoraste entonces aunque no lo supieras, y aunque no lo creas ahora, al cabo de tantos años, convertido en un sólido marido, en un sólido olvido de Adelaida.

A veces, a fuerza de insistir, a fuerza de querer ver que hubo un día, antes de la cabalgata, me parece que voy a descubrir algo, por qué nadie dice nunca qué pasó con Adelaida, con la otra, adolescente enferma desaparecida entre gritos y llantos de tías recatadas. Pero no puedo, no lo consigo, entonces levanto las mantas, saco la cara de debajo y te miro dormir y digo: «Adelaida, Adelaida», y veo que te tiemblan los párpados, como si a través del sueño entendieras el llamado, y dormido, aceptaras por fin explicarme cómo, por qué se estrelló Adelaida contra el suelo pedregoso, porque voy entendiendo vagamente que Adelaida también te habitaba entonces, en aquella planicie, que había que expulsarla de allí para que yo pudiera instalarme en su sitio, que en algún lugar remoto donde estuviste tantos años, esos años en que te volviste espeso y rico y marido, donde la empujaste para que se rompiera como una muñeca y pudiera entrar yo en tu vida, tu juguete, el definitivo, como yo empujé a la muñeca Adelaida, para que se rompiera, para vivir yo en lugar de ella.

Madame Nicole

Ya no recuerdo bien cómo fuimos a dar a aquel hotelito de la rue Dupin. Supongo que por recomendación de Nora, que estaba allí instalada desde hacía más de dos meses y encontraba el lugar bastante limpio y decente a pesar de su precio. Y a pesar del malhumor del patrón, un limusino retacón y fuerte, blanco ya el pelo, que parecía ignorar, en beneficio de la economía doméstica, los tempestuosos amores de su mujer bastante más joven que él y todavía de buen ver, como diría mi tía Avelina. Los argentinos, que abundaban en el hotel Raspail, decían que la patrona se acostaba con el camarero hirsuto y taciturno que hacía de sereno. Pero como la mujer era buena administradora, y el tenebroso Jules, fuerte y silencioso, monsieur Poirier no se daba por enterado. Ya digo; esto se repetía entre los argentinos, pero como la traición sexual es una de las cosas que más los regocijan, junto con la venalidad política y el fútbol, no creo que haya que aceptar la cosa como segura.

Sí, el hotel era agradable y barato, y además estaba madame Nicole. Madame Nicole era la camarera, la única; junto con Jules se encargaba de la limpieza de las habitaciones, ayudaba a subir y bajar los equipajes y estaba a disposición de los huéspedes en la pequeña medida en que un parisiense está a disposición del prójimo, sobre todo si es extranjero, y por bien que pague. Pero madame Nicole no era parisiense. Era bretona, blanca, rosa y azul, como suelen ser los de su raza. Era afable, un poco inclinada a la confidencia y a la melancolía, una especie de milagro en medio de la tensión iracunda de todos los que me rodeaban. Simpatizamos enseguida, pero ella realmente se pescó un camote con Nora; la encontraba bonita, elegante, me hablaba de su «cuerpito» y para no deprimirme, me consolaba de mi flacura elogiándome el pelo o los ojos. Me decía que Nora parecía italiana, como si con eso resumiera una especie de seducción muy particular que prescindía de las líneas, el volumen y el color. Todavía no estaban de moda ni Gina ni Sophia, de modo que el calificativo de «italiana» no comprometía a nada. A ella le hacía mil favores, a riesgo de provocar la cólera del patrón. Le cambió la lamparita eléctrica por otra más potente, y con su complicidad Nora había instalado en el tomacorrientes un enchufe con que alimentaba un calentador eléctrico.

Nuestras largas tenidas con ella eran a la hora del desayuno, cuando yo me aparecía en el cuarto de Nora con la media *baguette* fresca y el tubo de leche condensada. Madame Nicole se instalaba a charlar empezando por el pronóstico del tiempo, siempre optimista (y creo que a ella le debimos aquel maravilloso mes de abril, sin una nube y con un denso, casi doloroso, aire de verano). Alababa lo que teníamos puesto y también hablaba de sí misma, pero sin vanidad, con una infinita delicadeza, como quien estima que es su obligación darse a conocer, no engañar a nadie. Cuando le elogiábamos el pelo, blanco y esponjoso, o el cutis tan fino, se ruborizaba un poco de gusto, y nos decía que de joven sí, había sido hermosa, ya nos mostraría una foto. Y si la compadecíamos por su trabajo, nos explicaba que en realidad no podía quejarse, el sueldo no era demasiado, pero con las propinas... Y además estaba allí como en su casa, porque el patrón sería *rouspéteur* pero en el fondo no era mal tipo, y ella prefería ese estilo. Claro que había conocido mejores tiempos, mejores ropas. Esa blusa de Nora, por ejemplo, le recordaba una que ella había tenido hacía como treinta años, poco después de llegar a París. Trabajaba como zurcidora. Un día aparece un señor ya maduro, solterón, un poco triste, muy formal. Una persona de confianza. A ella no le faltó más: ni ropa ni teatro de vez en cuando, ni vacaciones a orillas del mar, pero no del suyo sino del Mediterráneo (no quería arriesgarse a encontrar conocidos). Cambió su pieza por un pequeño departamento y durante más de tres años fue perfectamente feliz, sin darse cuenta, con la soltura un poco desagradecida de los que han nacido para la dicha. La felicidad era su estado natural. «No es que estuviera locamente enamorada, pero no me hacía falta; nunca he sido muy romántica», decía como disculpándose. Saberse embarazada la alegró y a él también. Se casarían en seguida. A esta perspectiva feliz se añadió la posibilidad de un viaje. El señor tenía toda su familia (hermanos casados y sobrinos) en Nueva York y lo llamaban insistentemente, porque era cuestión de llegar y llenarse los bolsillos de dólares. Allí se fueron y apenas arribados, apenas terminadas las presentaciones (buenas gentes todas, que no se escandalizaron de que con esa barriga no llevara la alianza de oro, ni una respetable libreta de casamiento entre los otros papeles de identidad, los menús del barco y las pocas fotos de familia), en apenas siete días el buen hombre se pescó una neumonía y no contó el cuento. Y allí se queda ella sola, sin un centavo y con una barriga a punto de estallar. Al mes nació Albertine; la familia del finado se portó como Dios manda. No le faltó nada: ni clínica decente, ni ajuar para la niña, ni trabajo bien pago al terminar la convalecencia. Todo estaba bien, pero se sentía tan sola en aquella ciudad, sin nadie con quien hablar como no fuera con sus dos casi cuñados. Entonces resolvió volver a París y probar fortuna otra vez. Albertine quedó con sus tíos en Nueva York hasta que ella tuviera una situación segura, la adoraban. Y así, pensando siempre en traerla a París, habían pasado veinticinco años. De vez en cuando llegaban cartas y algunas fotografías. Una carta para Navidad, otra para su cumpleaños, claro que en inglés, pero siempre había alguien en el hotel que se las traducía. Estaba realmente orgullosa de su hija, de la educación que había recibido, de su vida cómoda y segura en casa de los tíos, de su tipo de perfecta americana.

Después me fui a Italia por un mes. Cuando volví al hotel Raspail, Nora se había ido a las Baleares y madame Nicole había recibido ya una primera tarjeta. Me la mostró con orgullo, con agradecimiento. Hablando de la ausente Nora, reanudamos nuestras charlas naturales entre escobas y trapos de limpiar. Una tarde golpeó a mi puerta; traía un sobre en la mano. Era de su hija. Si yo pudiera traducírsela. Tomé el papel, una letra regular, fría, de escolar aplicada. Detrás se adivinaba cierto infantilismo de chicle, helados y pileta de natación. Pero las noticias eran sensacionales. Albertine se casaba con un vendedor de automóviles. Buen sueldo, buena pinta, la edad ideal, católico también.

Madame Nicole no hizo ningún comentario, pero me pidió que le leyera otra vez la carta. Me dio las gracias y se fue.

Naturalmente, le conté a Nora la noticia, y ella, que no pierde ocasión de quedar bien con los que la quieren (virtud poco frecuente, pues la admiración y la simpatía suelen producir a seres retobados como Nora una especie de repulsión incontenible), le mandó una tarjeta a madame Nicole felicitándola por las novedades. Madame Nicole había tenido tiempo en esa semana de asimilar la carta de su hija, de aceptarla como mujer con marido y todo, y no como el bebé de ocho meses que había quedado en Nueva York y que en ese tiempo, sin crecer, había aprendido a leer y escribir y aparecía en las fotos como una mujer alta y rubia que decía ser su hija. El bebé era esa mujer y esa mujer era su hija que se casaba.

Pocos días después llegó otra carta. Nunca le había escrito tan seguido. Yo fui de nuevo su traductora. Albertine pasaría por París en su viaje de bodas; apenas una semana entre España e Italia.

127

Madame Nicole no podía creerlo. Le dio un verdadero ataque de locuacidad. Sentada en el borde de la cama (nunca le había visto hacerlo) habló, habló otra vez de su vida pasada, de su hija, de Nueva York tan triste para ella sola, y que ahora se convertía en una ciudad alegre donde su hija se casaba entre campanas y comida de bodas, con un próspero vendedor de automóviles.

Cuando Nora volvió de las Baleares se encontró con una madame Nicole cordial como siempre pero un poco distraída y quizás hasta indiferente. Ni su hermoso color tostado ni los ojos que brillaban con la inocencia de muchas páginas no leídas en los largos días de playa sacaron a madame Nicole de una especie de enajenamiento maternal. Su hija llegaba dentro de un mes; no podía pensar en otra cosa. Estaba preparando todo, había pintado ella misma su habitación, cambiado cortinas y colcha, y sacado de un cajón de la cómoda viejas fotos que nunca se había animado a revisar. Una tarde, en su hora de descanso, nos llevó a su cuarto. Resplandecía de limpieza, estaba candorosamente, pobremente, adornado. A la cabecera de la cama, un gran retrato oval con una preciosa madame Nicole de veinte años, blanca y rosa, rizada, descotada, envuelta en pieles. Y en la mesa de luz, el retrato de una chica flaca, con anteojos, mostrando una sonrisa entre tímida y escéptica, un hilo de metal sobre sus dientes demasiado grandes, demasiado torcidos, demasiado dientes: Albertine. Todo ese esmero, tanta pulcritud, le estaban dedicados, tanto secreto, absurdo amor. Y ella sonreía mostrando el hilo de platino. Pensábamos con Nora qué iría a pasar, con qué cara enfrentaría a su madre extraña, extranjera, la Albertine que ya tendría pantorrillas y dientes impecablemente ordenados en una boca ahora quizá demasiado chica.

La fecha de la llegada se acercaba. Madame Nicole nos mostró sus últimas adquisiciones: un vestido, un tapado del Bon Marché, mitad de señora de provincia, mitad de monja, como todo lo que sale del Bon Marché. Con ellos haría «buen papel en cualquier parte y hora», que es la gran virtud de las ropas de las gentes que nunca están en ninguna parte, a ninguna hora, que se borran detrás del perfecto tapadito y del sencillo vestido para toda ocasión. Porque seguramente saldrían mucho juntas. Ella les mostraría París... ¿qué París, me digo, el de los hoteles pobres, llenos de estudiantes que no estudian, de viajantes de comercio sin demasiadas ventas, de los calentadores escondidos en un rincón del armario, detrás de una caja de zapatos, el París de los barrios donde nunca llegan los turistas, donde hay todavía calles que parecen largas y desmanteladas como las de Bolívar, pero sobre las cuales llueve un gris que pintó Chardin, o se descascara una pared en una lujosa purulencia? Veinticinco años en barrios como ése, entre gentes como Nora y yo, ¿y eso era el París que la pobre podía mostrarle a su hija, ávida del París *by night,* el Folies Bergère, el Lido y a lo mejor el Louvre, donde madame Nicole nunca había estado? Había pedido que le adelantaran sus vacaciones y el patrón aceptó sin resoplar demasiado. Era un buen tipo, ella siempre lo había dicho. Te exprime durante veinticinco años seguidos, pero un día madre hay una sola, hija también y seamos generosos por una vez. Acto de contrición en el momento mismo de estirar la pata o expeler la última halitosis. Hasta la señora y Jules le hacían preguntas, le tomaban amablemente el pelo como si esperara al novio y no a la hija.

Y así vivimos en esa exaltación contagiosa hasta la víspera de la llegada de Albertine. Esa mañana madame Nicole se olvidó de nuestros horarios y apareció con una nueva carta a horas indecentes. Con un ojo en el sueño y el otro tratando de orientarme en aquella letra ya casi familiar, me sentí mal. Yo misma no podía creerlo. Albertine no venía a París. Bob había resuelto ir directamente a Italia; las vacaciones no daban para más: quince días y en Italia había tanto que ver. París quedaba para más adelante. O a lo mejor se verían en Nueva York donde siempre te esperamos, y ésta es tu casa.

Madame Nicole tomó la carta, la miró y salió sin darme las gracias. Media hora más tarde volvió con la aspiradora y el trapo.

Irene

Por las noches, fuera de las lúgubres reuniones en el hotel mismo, el recurso era ir a comer mariscos a alguno de los pocos restaurantes de la ciudad donde el vino, por lo menos en el caso de Joaquina, encendía algunas luces, para ella grandes fuegos de artificio cuyos manojos, ruedas, lluvias de chispas tal vez se le vieran en los ojos, porque Luis parecía por momentos deslumbrado mirándola. De tarde la diversión eran las compras, operación que se iba volviendo angustiosa conforme pasaban los días, porque no se podía salir con moneda del país. Era preferible tirar el dinero antes que cargar con los abominables pufs de cuero repujado, las cafeteras y las bandejas orientales, las mesitas taraceadas, pensaba Joaquina. Pero al fin todos optaban por eso. Todos menos Irene, prudente en las tiendas como si se estuviera reservando siempre para la Gran Compra. Llegado el momento (había ocurrido dos o tres veces) no había nada que la detuviera: ni la falta de dinero, ni lo absurdo e inútil del objeto que le despertaba semejante furia posesiva. Joaquina y Luis la miraban entonces casi con envidia porque él, por tacañería en parte y en parte por real desapego de los objetos, nunca había conocido esos arrebatos, y a ella no se sabe cuándo se le había apagado para siempre toda posibilidad de entusiasmo. Pero cuando Irene se enloquecía por un collar o una alfombra, los dos sentían como si al quebrarse la soledad de ella por la irrupción del objeto codiciado también estuvieran menos solos. Y se lo agradecían, tomaban quizás esa noche un trago más, parecía por un momento que todo volvía a ser como quizá nunca había sido, pero como durante tantos años habían esperado que alguna vez fuera, Irene allí, la más sola de todos, encendiendo sin saberlo ese fuego en que se calentaban los tres, casi felices.

Los dos habían sentido una simpatía inmediata por Irene. También un poco de piedad. En Joaquina se añadía esa secreta satisfacción que conoce una mujer de cuarenta años cuando se encuentra con otra de cincuenta, gratitud casi por hacerla sentirse todavía joven, aunque sepa que entre los cuarenta y los cincuenta no habrá más tiempo para la aventura, para la dicha, del que hubo entre los veinte y los cuarenta. En Luis, en cambio, el agradecimiento venía de que esta vez le tocaba a Irene estar allí, cortando la triste, secreta soledad que se había instalado entre los dos. Frente a esa mujer confesadamente solitaria ellos sentían renacer algo de la complicidad de otros tiempos, formaban un frente común para combatir mejor esa enfermedad vergonzosa que vivía en los dos como si fueran un solo cuerpo infectado, y que ni siquiera se atrevían a confesarse a sí mismos. Aunque más no fuera, les servía de consuelo comparar una apariencia saludable con la de otro estragado irremisiblemente por el mal.

Porque Irene estaba sola siempre, no únicamente a la hora del almuerzo, cuando toda su comida era una taza de café negro. Tenía esa edad en que la soledad suele caer sobre las mujeres como el telón al final del último acto. Por orgullo o por prudencia parecía haberla tomado con las dos manos, cuidarla como un objeto precioso, lo único que le hubiera quedado de tiempos mejores.

La primera vez que la encontraron en la playa no la reconocieron. Fue Irene la que los llamó con grandes gestos de saludo. La identificaron por la voz; pero era como para preguntarse si correspondía a la persona que había llegado el día antes con su pila de valijas, vestida y pintada como una estrella de cine de 1938; la misma con que habían compartido tantas oficinas polvorientas, y más atrás, la protagonista de recuerdos casi mitológicos de la guerra civil y del exilio. Pero la voz era idéntica y el brillo de los ojos también. Comprendieron entonces su frase de que por las mañanas le llevaba una hora larga «dibujarse el mapa»: cordilleras de cejas, frondas de pestañas, especies de volcanes con su pequeño fulgor leonado en el fondo, un acorazonado lago carmesí que se partía para dejar asomar como duras fortalezas sumergidas los dientes cuadrados y simpáticos. Todo sobre un fondo pálido, un poco terroso, teñido por un rosa transparente delicado, que los había engañado.

El cuerpo, más o menos lo mismo. Sin la malla resistente que le daba forma ciñéndolo, nadie sabe cómo hubiera sido. Descarnada, sí, pero tampoco los huesos parecían tener consistencia suficiente como para armar la figura. Lo único que conservaba en ella todo su esqueleto, toda su carne, era la voz profunda pero con saltos agudos, chirriante a veces, un poco cantarina por el dialecto que le había quedado temblando atrás. Y la mirada, que seguía existiendo aun sin cejas, sin pestañas, sin delineador. El caso es que a partir de esa mañana siempre se preguntaron quién era la real: si esa mujer muy morena y quizá demasiado expresiva que sonreía y saludaba cordialmente, desde lejos, a todo el mundo, o el fantasma que nadaba todas las mañanas, internándose bastante, con una vieja gorra de baño amarillenta asomando sobre el agua, erguida, como si en vez de nadar caminara por el fondo parejo del mar.

Naturalmente, los distinguidos del grupo la calificaron en seguida de cursi. Quién se atrevía a discutirlo: todavía era del peor gusto usar pantalones con tacos altos, pintarse los ojos hasta el occipucio, usar gasas flotantes alrededor del cuello. Para los distinguidos, además, la vehemencia es siempre cursi. Y aunque Irene rara vez la desplegaba, los perspicaces la presentían casi como si fuera la clave de su carácter.

Con vehemencia secreta los saludó desde la puerta del hotel, donde ya estaba esperándolos, pintada como si fuera a subir a un escenario a cantar *La violetera,* con pantalones de seda colorada, la blusa negra cruzándose ceñida sobre un pecho de relleno, el foulard a lo Isadora anudado al cuello estriado de tendones. Ese domingo habían decidido visitar las ruinas. Jacinto había anunciado que iría con ellos. Al bajar al hall, lo vieron en el bar tomándose la cerveza de la mañana que, según él, le ayudaba a disipar los relentes de la noche anterior, resaca en la que sobrenadaban más muertos que nunca los restos de su naufragio: un paraíso de la costa africana con historias de estruendosas tortugas en celo, el regreso de una zambullida matinal con un hombre medio comido por las murenas, un orden sin leyes regido por un sol mortífero y lluvias puntuales. Joaquina y Luis pensaron, y no se equivocaron, que le llevaría los veinte minutos del trayecto hasta las ruinas ordenar sus cadáveres, enterrarlos y salir de su cementerio privado a esa ciudad muerta a orillas del mar, mucho más viva sin duda que el grisáceo país donde él se había ido enterrando cada día de su vida, después de la expulsión del paraíso.

Las dos mujeres se saludaron con afecto, se instalaron en el asiento trasero, hablaron todo el tiempo entre ellas. Jacinto, mudo, salía rencorosamente del dolor de cabeza. Luis lo miraba todo, lo veía todo, recordando al mismo tiempo otras cosas, proyectando lo de ahora y lo de atrás en esa hoja de papel blanco que tenía siempre en el fondo de la cabeza.

El coche quedó estacionado debajo de unos pinos. Estaba fresco todavía pero en el olor de la resina se adivinaba el calor que haría tres horas más tarde. Parecía que el aire circulara por primera vez entre las ruinas, que el pájaro escondido que chillaba fuese el primer pájaro. Avanzaron primero por la que parecía la avenida principal y descubrieron en seguida que se perdía en el mar. Se preguntaron si siempre habría sido así, o si el mar había avanzado hasta cubrir los comienzos de la ciudad. Después se dispersaron: Luis trataba de identificar, plano en mano, las ruinas visibles; Jacinto había descubierto el primer pájaro y estaba olvidado de las piedras; Irene subía a unos peñascos tambaleándose sobre sus absurdos tacos, el viento se llevaba su echarpe rayado, deshacía el rígido orden de su pelo. Joaquina volvió a la punta de la gran avenida, se sentó al borde del agua, en las grandes lajas que un poco más allá se ennegrecían de erizos, de almejas, de algas. Los veía a todos como si no los conociera. Le parecieron absurdos, ninguno hacía lo que se esperaba: uno miraba un papel en vez de mirar el cielo, otro observaba un pájaro en vez de estudiar las columnas, una mujer vieja y pintada no miraba nada, atenta sólo a no resbalar entre las piedras. Pensó en sí misma, otra extraña sentada a orillas del mar sin verlo. Imaginó su propia cara vacía, esa que alguna vez se había descubierto en la peluquería al alzar de pronto, distraídamente, la mirada, para encontrar allí en el espejo una extraña, otra y sin embargo familiar, esa que se veía desde dentro pero que nunca aparecía en los espejos. Pensó: ¿Cómo será la cara de Irene cuando se prepara la tisana para el hígado, a las siete de la mañana, y se pone el mameluco adelgazante con que hace su media hora de gimnasia cotidiana? ¿Sería aquella tan desvaída, como si se estuviera borrando, o al revés, empezara a condensarse, que le veían en la playa? ¿O habría otra detrás, otra máscara detrás de la máscara, una serie de películas de cebolla que terminaban en un agujero como el que ella se había visto en la peluquería? ¿Cómo sería la de Luis? ¿Como la que le quedaba al quitarse los anteojos, después de una tarde leyendo, y se frotaba los párpados cansados? ¿Y la de Jacinto? A lo mejor la única feliz: la del que ha escapado del paraíso.

Irene llegó a la orilla, se detuvo a su lado, se sentó en una piedra.

—Dan ganas de meter los pies en el agua —dijo, y empezó a soltarse las hebillas de los zapatos. Estuvieron allí un rato largo, de espaldas a las ruinas, hasta que el reflejo del sol en el mar empezó a deslumbrarlas. Irene se quitó del cuello el pañuelo y se lo ató a la cabeza, formando una visera. Desde abajo los ojos parecían más hundidos. «Zahoríes», pensó Joaquina, e inmediatamente se preguntó qué querría decir exactamente la palabra; Irene se volvió hacia ella, trató de enfocarla como si sus pupilas se adaptaran dificultosamente a la nueva distancia, al nuevo objeto. Joaquina se sobresaltó: los ojos de Irene tenían calidad de espejos, estaban allí no para ver sino para que los demás se vieran en ellos. Lo sintió fugazmente, casi sin darse cuenta, pero se puso enseguida de pie. Como espejo no le gustaba; se parecía demasiado al de la peluquería.

Jacinto se había metido en el coche para ponerse el traje de baño.

—¿Qué sacará de bañarse en este mar civilizado? Aquí las murenas apenas son el recuerdo de la fantasía de un emperador —dijo Irene.

—¿Qué fantasía y qué emperador? —preguntó Joaquina, un poco fastidiada, como si saliera en defensa de Jacinto.

—No me acuerdo y no importa. Por lo menos se quitará el resto de resaca.

Jacinto avanzaba cautelosamente entre piedras filosas y musgos escurridizos, llegó al fondo arenoso. Desde allí llamó a gritos a Luis; el agua estaba deliciosa, decía, y era como si ese bautismo borrara de golpe la noche anterior y al mismo tiempo el recuerdo de otras aguas más felices.

Luis levantó los ojos de la guía. Irene lo miraba, se reía para sí. Dijo, también como para sí:

—Si no fuera por la posibilidad de pegarse un remojón en el mar de vez en cuando, o de un café a cierta hora de la mañana, no se podría resistir la desesperanza o el tedio —se volvió a Joaquina y buscó una confirmación—: ¿No te parece?

A Joaquina le irritó esa confidencia falsa; Irene no hablaba de sí misma. ¿O buscaba complicidad en lo que ni siquiera era desdicha? Sólo una cursi podía decir una cosa así, resolvió. Y en voz alta:

—Podrías añadir un vestido nuevo, una buena novela, el dulce de leche —la palabra desesperanza, pensó, está excluida de un vocabulario decente; tedio también, sustitúyase por aburrimiento.

Luis ya estaba en el agua y la llamaba para darle los anteojos negros que se había dejado puestos.

Volvió con los anteojos junto a Irene. El sol picaba demasiado. Por la gran avenida de lajas caminaron hasta los pinos; ya había cantos de cigarras. El suelo estaba sembrado de piñones. Irene se agachó y con una piedra empezó a partirlos. Comía una a una las semillas tiernas, como de blando alabastro. Levantó la cabeza y le ofreció un piñón. Irene la miraba como si ella fuera un par de zapatos pasados de moda. «¿Qué se estará creyendo?», pensó Joaquina fastidiada, secretamente alarmada. Sin decir una palabra, se metió en el coche y se puso el traje de baño.

Nadó un rato, hasta encontrarse con los dos hombres. Cuando volvían a la orilla, Irene estaba parada en una punta recibiendo el viento del mar como un mascarón de proa.

—Parece que se estuviera riendo —dijo Luis, un poco sorprendido.

—Me pregunto de qué —dijo Joaquina.

Arrancada

*Se sentía como una hierba arrancada y
arrojada por encima de la tapia.*
CHARLOTTE MEW

Llegaban al pueblo a la hora prevista. Las sombras empezaban a alargarse en los callejones. Un gato de cara manchada estaba echado en mitad del sendero que bajaba a la casa. José aminoró la marcha, el gato seguía mirándolos sin moverse. Ella decidió saltar del coche para sacarlo del paso; antes de llegar, una mujer con un batín gris de minúsculos dibujitos blancos lo espantó sacudiendo un periódico enrollado. El gato dio un salto y, cambiando bruscamente de velocidad, desapareció lentamente, meneándose, entre los matorrales de la derecha del camino. La mujer regresó a su puerta, del otro lado, y los vio desaparecer por el sendero escarpado. «Son los del rancho de abajo», pensó. «Ireneo estuvo comprando tanto pan, tanta manteca, tres paquetes de fideos, un buen pedazo de paté y varias botellas de vino. Para ellos solos —son de los que compran justo dos huevos, se dijo— no era.»
El coche viajaba a los tumbos. Ángela sentía cada piedra como si el asiento se deslizara directamente por el suelo. El sendero hacía una curva y enfilaba hacia horizontes lejanos de montañas, con algunos techos en lo alto y una luz que empezaba a velarse. Como la primera vez, sintió que entraba en otro mundo, un mundo en que la luz, las piedras estaban ahí, existiendo sin necesidad de justificarse.

Antes de pararse el motor, Rosario y Aldo habían salido a recibirlos, flacos y negros de sol y poca comida. Los dientes les brillaban como si toda la salud que tenían se hubiera concentrado en los grandes colmillos de él y en los «granitos de arroz» de ella, como hubiera dicho la tía Etelvina en tiempos en que las mujeres no podían tener, como ahora, esas paletas que no les caben en la boca.

—Nos vamos a dormir a la ruina —dijo Rosario después del café. Les había costado apenas 10.000 francos y había una habitación habitable. Ellos no insistieron, en algún momento era inevitable que se fueran. La casa era chica, ellos maniáticos, sus rutinas despóticas.

El problema era evitar las visitas. Los aborígenes eran más que discretos, reservados; más que reservados, hostiles. Con ellos no había problemas. Salvo el cartero que se tomaba su copita, hacía comentarios sobre el tiempo y les hablaba de cómo preparaba sus propios jamones y conservas. A Ángela se le hacía agua la boca; soñaba con esa cocina pueblerina que, impenitente ciudadana, nunca había conocido, como si por la vía del gusto pudiera llegar a penetrar en ese mundo tan secreto detrás de su banalidad.

Otros hacían tímidas incursiones, so pretexto de traer un recorte sobre el último libro aparecido en *La Gaceta de Ginebra,* o, un poco más adelante, con un poco más de atrevimiento, un frasco de mermelada casera que aunque estaba notoriamente destinada a José, Ángela agradecía sinceramente porque terminaría comiéndosela con la fruición sin exhibicionismo de los que ignoran la propia sensualidad.

Misette se asomaba tímidamente a eso de las once, con el pan y la leche en la canasta y la ofrenda del momento. José la recibía con esa cordialidad excesiva con la que disimulaba el profundo fastidio de ver alterado el mínimo plan de festejos del final de la mañana: el aperitivo y el cigarrillo solitario en la terraza, mirando el dibujo de las colinas en el fondo, más allá del valle verde y monótono.

139

—Tómese un trago aquí conmigo.

Ángela traía otro vaso, se quedaba un momento haciendo preguntas sobre la mermelada con verdadero interés y se volvía a la cocina con el pretexto de preparar el almuerzo.

De qué hablarán, pensaba; no creo que de mermeladas. La pobre Misette habrá preparado un tema de conversación, aunque la emoción ha de hacerle perder la memoria. Afortunadamente, José sabía siempre dar la impresión de que el otro —la otra— había caído providencialmente para sacarlo de alguna duda que lo mortificaba.

—Dígame, Misette, usted que conoce tan bien la región, ¿quién vive ahora en el castillo de Lacoste?

De modo que Misette se iba con la certidumbre de haber llegado a tiempo para auxiliar a ese hombre, rodeado siempre de un aura de melancolía, con la pipa entre los largos dedos nudosos y la mirada verde perdida en el verde más oscuro del valle.

—¿Qué cuenta Misette? —le preguntaba Ángela.

—Da la impresión de que se aburriera.

—¿Con tantos hijos? No le ha de quedar mucho tiempo para el tedio.

—En todo caso, su aburrimiento es contagioso.

—En realidad, lo que pasa es que es demasiado gorda. Con unos cuantos kilos menos, sería una incomprendida.

—Con unos cuantos kilos menos no vendría tan seguido a visitarnos.

—Dirás a visitarte. No nos engañemos, la mermelada no es para mí, aunque yo me la coma.

José negaba que Misette y otras visitas eventuales le estuvieran dedicadas. Escondía su satisfacción de ser cortejado, adulado, venerado por tantas súbitas admiradoras. ¿Cómo sería verse rodeada de ese respeto siempre al borde de la provocación, sólo contenida por la presencia de la mujer legítima? «Honestamente, ha de ser difícil resistir», pensaba Ángela. «Como volver a tener un año y que una docena de madres le repitieran que no habría, no habría nunca, nunca nadie mejor.»

Por la tarde, desde el fondo del jardín vio venir de nuevo a Misette. «Me parece que exagera», pensó. Pero esta vez no venía sola. Para ser autora de una tesis parecía demasiado vieja.

José salió a recibirlas. Se sentaron en la terraza. Ángela corrió a lavarse las manos y cambiarse las zapatillas embarradas. No tenía más remedio que saludar, aunque una vez iniciada la conversación sobre la tesis (no podía no haberla), se escapara con la excusa de preparar un café.

No, la conversación era política. La mujer, rubia, maciza, hablaba de un manifiesto, otro más, que no se podía dejar de firmar. Pero además necesitaba un texto, dos líneas para una revista de refugiados.

—Puedo venir mañana a buscarlo. No, no es ninguna molestia. Estoy apenas a 20 km. No, el correo tardará lo menos tres días.

Se tuteaban. Camaradas. Compañeros, se decía ahora. Al irse, la rubia la saludó con una sonrisa amable, pero poniéndola en su sitio, se lo leyó en los ojos: «Una buena mujer, atenta a la cocina, refugiada en sus lecturas estetizantes para protegerse del furor del mundo».

Apareció al día siguiente, sola, y Ángela vio cómo repiqueteaba en el vidrio del estudio y José salía a abrirle. Decidió no darse por enterada y siguió removiendo la tierra. Pensaba plantar un cantero de pensamientos azules. Los había comprado con Rosario en el mercado de Apt. Los domingos había plantas, no demasiadas ni muy elegidas, pero sus pretensiones eran modestas y sus conocimientos de jardinería menos que incipientes. José la miraba comprar sin criticarla nunca, pero sin entusiasmarse; y eso seguía inhibiéndola. ¿Por qué sería que las mujeres, aunque se ganaran la vida, no se atrevían a gastar con la prodigalidad de los hombres? En tiempos en que no les sobraba el dinero, José salía y volvía con cinco o seis discos. A Ángela le parecía maravilloso animarse a tanto; ella necesitaba justificarse. «Supongo que la economía de la casa», pensó, «acostumbra a las mujeres a reflexionar cada vez que están por comprar algo que no es necesario para la vida común». Su madre le había metido en la cabeza la necesidad de ser autónoma, pero ¿lo era? Sí, en el sentido de que se ganaba la vida a la par de José; pero no usaba el dinero como si fuera de ella.

—¡Ángela!

Se limpió como pudo las manos en el pantalón (no se acostumbraba a ponerse guantes para trabajar en el jardín; y además en seguida se le mojaban y quedaban tiesos e inservibles) y entró en el estudio.

José estaba de pie junto a U. K.

—U. K. ya se va y quería saludarte —le dijo sonriendo como si fuera de parte de U. K. un deseo que lo llenaba de satisfacción.

U. K. le tendió una mano curiosamente pequeña y blanda. A la altura de sus ojos se balanceaba uno de esos collares «primitivos», notoriamente falsos, que en algún momento habían usado tantas mujeres altas, rubias, libres, convencidas de la belleza del futuro, de la felicidad prometida a los pueblos, del mañana es nuestro y el pueblo unido jamás será vencido.

—Me contó la manifestación del 25. Grandiosa. Fue con su hijo.

—¿Su hijo? Pero ¿qué edad tiene? Creí que era muy chico.

—Sí, apenas cinco años, pero ¿por qué no hacerlo participar ya de la gran fiesta?

¿La fiesta, con gases lacrimógenos y bastonazos? El coraje de los demás la admiraba. La sola idea de correr perseguida por un policía montado la hacía temblar.

Durante unos cuantos días no tuvieron noticias de ella. Las manifestaciones y contramanifestaciones se sucedían en la capital. En la terraza, mirando a lo lejos el perfil de la colina, a la caída del sol, José leía exaltado los diarios. Por suerte se acercaba el día de la partida; le tardaba unirse a la gran celebración, estar allí sin hacer nada (quería decir, sin correr el riesgo con los otros de recibir un palo o una granada de gases lacrimógenos) le daba remordimientos, casi vergüenza. Con alegría cerró los postigos. Se sentía como un caballo piafante, el caballo de un *condottiero* ávido de entrar en la confusión de la historia, después de haber pasado tantos años a la luz de una lámpara bien orientada, al pie de la cual un viejo sillón de viejo terciopelo ofrecía su asiento confortable al gran lector, gustador de su pipa y de sus discos, de sus rutinas elaboradas amorosamente a la largo de los años y que habrían de sobrevivir a todos los cambios de casa, de país, de mujer, de ideología. Pero eso se vio después, cuando se pudo comprobar que muchas cosas mueren, muchas nacen, pero ciertos hábitos resisten a todos los cataclismos, son nuestra esencia aparentemente frágil, pero oh cuán tenaz.

Cuando llegaron a la ciudad, la casa tan querida le pareció a Ángela mezquina de espacio y de luz. La deprimió pensar que se acostumbraría y en 24 horas volvería a encontrarla amable, acogedora, a su medida, como decían todos, como si su medida fuera la buena y en esa armonía residiera el máximo encanto de una casa.

Y sin embargo la vida había cambiado. Tantas llamadas telefónicas, tantas salidas con gentes nuevas, a casas donde Ángela se sentía fuera de lugar, donde la sentaban a grandes mesas llenas de personas amablemente indiferentes, lejos, muy lejos de José, que hablaba animadamente con la dueña de casa.

Al cabo de un tiempo, ella dejó de ir; José salía solo y volvía tarde, con un aire de fatiga como de quien ha cumplido una tarea penosa pero obligatoria. Desde ese momento fue habitual en él esa expresión. Pasó de la melancolía del solitario, confortada por las lecturas, los viajes y la música, a la exaltación de la historia contemporánea, de la camaradería, de la esperanza. El escepticismo aristocrático se convirtió en una fe en eso que llamaba, con un poco de vergüenza, el «pueblo», porque ella lo miraba sin complacencia, preguntándole qué era esa entidad que sólo tenía para ella una existencia verbal desprestigiada por tantos discursos oídos en su primera juventud, y que ni siquiera entonces la había convencido.

José entregado a la embriaguez de la fiesta y, también, hasta cierto punto a la otra. Su gran inspiradora en la expansión cordial, la profetisa del futuro que canta, también se embriagaba, pero concretamente de alcohol. En el terreno de la revolución Ángela le sospechaba una distancia que no era producto de la inteligencia crítica, sino de un cierto oportunismo, de un cinismo disimulado. De esa gente, en suma, que siempre tiene algún conocido en la policía.

Una noche de fragor popular, José no volvió a la casa. A partir de cierta hora de la noche, Ángela empezó a inquietarse. A las siete de la mañana, contrariando sus costumbres, estaba levantada, esperando la hora de telefonear a los amigos y conocidos que pudieran informarla. A las nueve apareció José, con aire contrito. Se disculpó por no haberle avisado; la *manif* (usó la palabra; a ella le pareció una concesión lamentable a la moda izquierdosa) terminó con unos pocos arrestos, pero él había ido con un grupo a un café donde habían hablado hasta la hora del desayuno. Y Ángela pensaba en lo que él debía de pensar: el café con leche y los *croissants* entre camaradas desencajados por la noche en blanco, los ojos afiebrados por el insomnio y el fervor revolucionario. Le dio un poco de pena y al mismo tiempo envidia esa ingenuidad, esa capacidad para creer a una edad en que todas las esperanzas parecen en general perdidas y uno se refugia en ciertas costumbres gratas para el interesado, inofensivas para los demás.

—Podrías invitarla a casa —le dijo, quizá porque se sentía culpable de su malignidad.

144

Y vino nomás. Ángela se puso un postizo. U. K. le sonrió con conmiseración y ella se sintió totalmente ridícula. Durante todo el rato que pasaron bebiendo, tuvo la impresión de ser una provinciana pacata y melindrosa, arreglada con cursilería frente a una especie de duquesa de Alba de la *gauche dorée,* amante de lo popular, pero con esa clase que alguien está tan convencido de poseer que transmite su convicción a los demás. A ella no, pero qué sabía ella entonces de gentes tan distinguidas. En cuanto a José, era demasiado ingenuo para darse cuenta y tenía el fervor de los que aceptan los milagros con alegría, y para quienes cualquier duda es una ofensa innoble a la manifestación de lo sublime. Lo sublime era ahora la causa. Y lo fue por largo tiempo. Porque ese verano ella ya no fue a la Provenza y la egeria hizo agrandar la casa. No tenía un lugar para escribir.

(Los personajes de esta historia son todos reales, un poco menos los hechos. Ahora unos se han muerto, otros casi y otros tal vez no hayan nacido todavía.)

De los cuadernos

Viajes

Santiago, 1956

Llegamos esa mañana a Santiago, después de un viaje deprimente en la Renfe, con olor a caspa y sueño en los raídos asientos de felpa. Todavía nos duraba la sensación de casi pesadilla de Astorga, en esa plaza endomingada, llena de hombres y mujeres retacones hablando a gritos y mirándonos pasar como si nos hubiéramos escapado de un tratado de escatología. Y el mazacote color gris plomo, con una sustancia herrumbrosa, coriácea, que pasaba por ser un sándwich —un bocadillo, perdón— de jamón. Ni siquiera nos fue bien con las mantecadas; eran simples bizcochuelos, y no esa sustancia fría, que se desmorona en la boca con un estallido suave y perfumado, como las que habíamos comido en Madrid. Quizá por ese mismo horror provinciano, gris, casi infernal a fuerza de mediocre, fuimos más sensibles a la belleza un poco disparatada de su catedral bastante derruida, con un aire a lo Cocteau, a un costado de la ciudad al que se llega por calles de tierras desiertas, entre corralones y aire de domingo por la tarde. O al palacio abandonado de Gaudí que está tan nuevo que nos pareció un pastiche. Por suerte, antes de llegar a Santiago, estuvo el regalo del Miño verde, eglógico, y de Redondela desde lo alto con sus pinos y su mar azul metiéndose sinuoso en la tierra. Hasta el café con leche nos pareció bueno en la fonda de la estación y creo que Julio ni siquiera notó que estaba sin colar, única cosa en el mundo que es capaz de hacerle olvidar el mar, los pinos, las viejas piedras.

149

Pero en Santiago no llovía y hasta había sol, y nos metimos en el mejor hotel, o casi, pues después descubrimos el Hostal de los Reyes Católicos, donde de todas maneras no hubiésemos ido, pues supongo que es preciso lucir por lo menos el emblema de Falange para que a uno lo dejen entrar. Era casi un poco pretencioso, casi demasiado bello allí, al costado de la explanada de piedra, haciéndose orgullosamente a un lado, como un gran duque que es, de nacimiento, más viejo, más pura sangre que el rey, ese rey que dominaba entre los santos un poco pintarrajeados como por los chicos en lo alto del portal. Pero allí llegamos más tarde, después de dejar las valijas en el cuarto con dos grandes ventanas y espesas cortinas rojas de felpa (y sigue la felpa, pero esta vez pulcra y casi nueva). Y de mirar el gran baño blanco, sin olor, sin huellas de anteriores pasajeros. Subimos por la calle del General Franco, y doblamos en seguida a la plaza del Toural y a la rúa del Villar. Empezaba la Santiago de las tarjetas postales, con sus grandes losas grises húmedas, sus portales oscuros, y el gallego sonando dulcemente en mi oído, y yo que me sentía tan conmovida, tan cerca de mis raíces, de mi padre, de mi casa. Naturalmente, antes que nada hay que ver la catedral. Y donde hay una catedral de siete siglos, no hay modo de perder el camino, todas las calles conducen a ella. Es el centro de la rosa, el corazón del alcaucil, el eje de la rueda. Antes la fe, ahora la arqueología o el aburrimiento (que es el otro nombre del turismo) conducen a ella. Por suerte llegamos modestamente, acercándonos a su costado, como si supiéramos que a esas grandes presencias no se puede acceder de frente, pues hay que recibir el golpe esquivándolo, arrimándose a las paredes, mirándolas de soslayo y un poco como quien se distrae con las vitrinas de los plateros y las santerías, con la vida de santa Olalla y el salero en forma de pote gallego y el cenicero que es la concha de Santiago. Así, como disimulando, y para que no se nos vea llorar y no tengamos que caer impúdicamente de rodillas porque el milagro está allí funcionando siempre sin las colas de lisiados de Lourdes. Sin las fotos de niñas estigmatizadas en *L'Epoca* o *La Domenica del Corriere*. Sigue allí funcionando para nosotros, incrédulos por miedo, por flojera, por vanidad. Por suerte no todos, pero esto queda para más adelante. Subimos lentamente la escalera y nos llovió entonces, desde lo alto del portal, esa lluvia fragmentada de belleza que es el puzzle del pórtico de las Platerías. Puzzle donde nadie se ha ocupado de juntar exactamente las piezas, pero que por esa ley evidente que rige en todas las ruinas (esa ley del orden en la destrucción, de la creación de nuevos valores en el desmoronamiento que habría que pensar despacio, si hubiera tiempo y ganas de pensar), daba por resultado una belleza más pura, como natural, como nacida de la piedra misma que brotara, no como en un jardín, sino en un bosque donde las ramas crecen hermosamente como quieren, sin ocuparse de la simetría de los senderos, ni de las distintas alturas de los macizos. Aquello no había sido pensado por nadie, se había pensado solo y había crecido con su ritmo particular, personal, interno. A mí me fascinaba separar las piezas del puzzle, cada una de ellas en otro perfecto organismo que respiraba solo y por su cuenta, sin quitar sin embargo el aire a los demás. Y cantaba en una polifonía perfecta, bajo la dirección del tañedor de arpa infatigable que recibe a la derecha a quienes se le arrimen. Mientras estábamos allí en ese estado, sentados en la balaustrada de la escalera, llegó un grupo de turistas con un guía rubio y alto, que hablaba un inglés un poco raro, pero no de español. Entraron y cuando salieron todavía estábamos allí, esperando verlos de vuelta para entrar nosotros, como si no cupiéramos todos dentro. Al salir por el pórtico de las Platerías, el guía rubio estaba allí con un librito en la mano. Nos detuvimos un rato todavía, yo quería sacarle a Julio una foto junto al David. Estábamos locuaces los dos, entusiasmados. El hombre nos miraba sonriendo pero sin acercarse. Por fin, tantas exclamaciones lo sacaron de su silencio.

—Sí, es hermoso —dijo en buen español pero con un acento raro—. Pero no se puede comparar con el de la Gloria.

Le dijimos que no lo habíamos visto, que lo reservábamos para el final, y entramos en la catedral para salir por el Pórtico de la Gloria. Allí estaba otra vez el guía solo, con su librito en la mano. Yo tuve la impresión de que quería pescarnos a la fuerza, como para siempre, y esquivé su sonrisa de iluminado. Julio, más amable, conversaba con él y a las pocas frases me di cuenta de que eran desinteresadas. Nos dijo que adoraba el Gran Cristo que muestra sus llagas y la figura sonriente de David y el Santo dos Croques gastado por las frentes de los jóvenes compostelanos. Nos conmovió su exaltación; hablaba del Pórtico como, casi, de la obra de su vida; estaba tan compenetrado con él que era como si hubiese salido de sus manos. Nos sorprendió este fervor en un guía profesional, y lo dejamos entregado a una contemplación absorta de esas figuras que sin embargo conocía ya de memoria.

Yo tenía ganas de salir de allí y echar un vistazo a la ciudad. Y además tenía hambre, hambre de pulpo, de sardinas asadas, sabores de mi infancia de banquetes familiares en largos patios argentinos sombreados de parras; y además sabores míticos: los centollos, las enormes merluzas gallegas de que hablaba mi padre con esa nostalgia pura y sentimental que nos une a los primeros sabores, la misma que despertaba en mí el olor dulce y tierno de la harina lacteada que comía a los dos años. Nostalgia más que de un sabor, de un sentimiento de paz, de armonía, de seguridad que perdimos muy poco después al ingresar en el bife con puré, al abandonar los pañales por la bombacha casi adulta. Pero ¿cómo hablar de estas mezclas de sabores y sentimientos cuando ya lo hizo Proust y nada más se puede añadir?

152

Encontramos todo: las sardinas, los centollos, la merluza. Y yo los comí pensando en mi padre, comulgando con él a través de estas marinas y profanas especies, con sus pobres huesos inmóviles ya tan lejos de allí en una profunda bóveda de la Chacarita donde nada puede descender.

Después vino el vagabundear por la ciudad que se termina en seguida y descubrir el pórtico del Home Santo y el portal de San Félix de Solovio, y luego otra vez a la plaza Mayor frente al austero esplendor del palacio de Gelmírez, y el pórtico de la catedral. Solo, sentado en un umbral, estaba el guía. Nos saludó y se puso a charlar con nosotros. Nos preguntó si ya habíamos subido a la torre. Se veía todo el delicado paisaje hasta muy lejos en un día tan claro. No, no habíamos subido todavía, pero íbamos a hacerlo enseguida. Y fuimos. El guardián vivía en la torre; era sastre y aspirante a santo, por lo visto, pues llevaba debajo de la camisa, vieja y raída, un cilicio que le asomaba por el cuello. Curiosa esa cara tosca de campesino, ese cuerpo fuerte y retacón, deseoso de martirio. Nunca lo hubiera dicho. Quizás era el precio que debía pagar por el alquiler de la torre; al fin hay quien paga por mucho menos que la torre de la catedral de Santiago un precio mucho más alto que el cilicio.

La torre era una torre de verdad, con una escalera sinuosa en los tramos más altos, donde era de madera crujiente y con un pasamanos frágil, y por momentos apenas una cuerda. Lamenté la idea de subir hasta allí; el fin del mundo visto desde arriba es siempre igual, las diferencias sólo se perciben cuando se está al mismo nivel de las cosas, un poco de igual a igual. Cuando uno se encarama todo se ve igualmente pequeño, igualmente reducido a meros planos decorativos. Todo pierde su amenaza, su fuerza, su patetismo. Todo se vuelve plácido, paradisíaco, falso. Esto me lo decía a mí misma antes de llegar a lo alto y provocar un revuelo de palomas y acercarme a las enormes campanas hinchadas de sonidos y perder la vista en una lejanía de verdes tierras bien «compuestas». El torrero sastre nos señaló los pueblos que rodeaban Santiago, pero yo no oía nada, apenas me quedaba voluntad para otra cosa que para mirarle el cilicio. Tanto que no me di cuenta de la llegada del guía rubio. Se saludó con el torrero como si fueran viejos amigos. En ese momento me pregunté si debajo de la camisa celeste impecable del guía no había también un cilicio grisáceo y sucio A.M.D.G. Tenía los ojos azules, tan claros que eran casi como dos agujeros vertiginosos. Hundí la mirada en el paisaje gallego con verdadero deleite, con fruición. Nos preguntó si nos gustaba. Claro que nos gustaba, ¿cómo podía ser de otra manera? Él no se explicaba cómo había hecho para vivir antes de llegar a Santiago. Era alemán, de Munich. En unas vacaciones decidió irse a España. Ya conocía Andalucía y Castilla, pero Galicia era una novedad para él. Así fue como llegó a Santiago una mañana de agosto. Y no pudo desprenderse de allí, pues había encontrado a su «maestro». Y no le alcanzaría la vida entera para aprender la lección. A pesar de su desagradable expresión de obseso, de su cortesía tan germánica, sentí que empezaba a tomarle simpatía. Qué diablo, no son tantos los que cambian de residencia por la hermosa cara de un Cristo del siglo XII. No son tantos los que un día descubren su modesta vocación de adoradores de la belleza, y ceden definitivamente a ella. El hombre se ganaba la vida enseñando inglés y alemán. Bajamos juntos y con una sensación de vértigo que llegaba casi a la náusea, Julio con prudencia y ayudándome, y el guía adelante, siempre hablando con sus ojos casi incoloros, deslizándose rápidamente por los minúsculos peldaños, casi como una araña en su tela. Describía minuciosamente los detalles del pórtico; era casi como si hubiera salido de sus manos, y de haber sido francés y no alemán yo hubiese pensado en una reencarnación del maître Mathieu. Maître Mathieu convertido en araña de la torre de su catedral, para estar más cerca de su Cristo. El hombre me era cada vez más simpático.

Por la noche, en el hotel, hablamos largo rato de él. Naturalmente al día siguiente lo encontramos de nuevo en la catedral y nos saludamos como viejos amigos. Nos preguntó si también nosotros habíamos decidido quedarnos, pero ¿qué lecciones íbamos a dar allí?, le respondimos. Por no decirle (para no herir su fervor de neófito) que no creíamos, *hélas,* en su «maestro», y que nos volvíamos en busca de las lecciones cuánto más profundas de Notre-Dame de París. Y así fue. Llegamos a París y nos tragó el trabajo, y nos tragó el teatro, la pintura y toda la frívola intelectualidad de ese mundo fascinante. A veces nos acordábamos de Santiago y del guía, y a mí se me iba borrando su cara, su figura, y sólo me quedaban sus ojos incoloros de fanático, de éxtasis, ojos que miran para adentro, y su descenso por la escalera de la torre.

(Un día charlábamos con Bonet[1] de Santiago, de la catedral, del pórtico de la Gloria. Él ha nacido allí y allí ha vivido casi permanentemente. Nos acordamos del guía. Naturalmente lo conocía y conocía su nombre y su edad y mil cosas más de su vida. Ulrico Müller, 43 años, exfuncionario de Berlín. Hablamos de su pasión por Santiago. Bonet nos dijo que se necesitaría mucha más devoción que la de Müller por su maestro para redimir su negrísimo pasado. Le sorprendió que no lo hubiéramos sospechado.)

En el «Río Belgrano»[2], *1960*

El capitán Locatelli es un alma cándida. Cuando empieza a hablar apenas se saltea una ese de cada tres; al cabo de un rato, es de una voracidad insaciable; caen como moscas,

---

[1] Antonio Bonet Correa.
[2] Buque carguero perteneciente a la flota mercante del Estado argentino en el que viajaron Aurora Bernárdez y Julio Cortázar de regreso a Europa desde Buenos Aires.

y las palabras se unen blandamente, sin filos, como una goma flexible.

Adora las plantas, las flores. En un puerto, al pasar por un jardín público, no resiste la tentación de cortar unas flores. Vuelve al barco; dos oficiales lo ven avanzar rápidamente y como escondiendo algo. Trae el ramo, tratando de taparlo. Por tomarle el pelo, los oficiales le anuncian poco después que la prefectura lo reclama. Palidece, teme que sea por las flores. Las guarda en su cabina. En un florero hay todavía, muchos días después, unas ramitas secas.

Dice un oficial del *Río Belgrano:* «Son *dilapidiosos*».

Para referirse a lo parecidos que han salido unos chicos en una fotografía, dice: «¡Mire cuánta fisonomía!».

De noche, en la cubierta solitaria se posan las gaviotas. Yo pensé que sólo la luna se pasearía por los puertos desiertos, blanco sobre blanco. Pero también están las gaviotas y me gusta que sea así.

¿Por qué esa súbita ternura cuando vemos tierra desde el barco? De golpe descubrimos que la amamos, que es nuestra patria de la que huimos pocos días antes, y volveremos a huir apenas pasada una semana. Igual que la familia.

Deyá, 1979

Domingo, 22 de abril. Llego a las 20 a Palma. Me esperan Claribel y Bud[1]. El gato está acoquinado. Lo llevo a Casa Nova y lo dejo en el dormitorio. Comemos con

---

[1] Claribel Alegría y Bud Flakoll.

los Flakoll en el restaurante francés: un *steack au poivre* demasiado cremoso, pero en definitiva tierno y a punto, con las únicas papas fritas comestibles de la isla. Duermo en Can Blau (can quiere decir *chez*, cuenta Juan, el hijo de mi vecino que cultiva amorosamente sus tierras). En el restaurante encuentro a Toni[1]; explica el trámite de la luz, que hay que pasar a una buena gestoría de Palma.

Lunes, 23 de abril. Me pongo en acción. Veo la casa. Todo es provisional pero mal que bien marcha. Hay agua, pero hay que accionar el motor e inevitablemente el tanque se llena demasiado y el agua rebosa. Decido instalarme ya. Duermo la primera noche en Casa Nova. Minka sigue desconcertada y huraña, pero come y descome. Hablo con el carpintero y telefoneo al fontanero, Juan Mora, para que me cambie el lavabo del water. Compro batería y artículos de limpieza en Sóller.

Martes, 24 de abril. Veo a Franciso, el carpintero; los armarios empiezan a verse. Javier pinta las puertas. Como *chez* Flakoll, como siempre, y duermo poco: hay ruidos raros y después de bastante miedo pienso que es Minka que ha vuelto (porque ha desaparecido en la tarde, mientras Javier pintaba), pero no. Puede ser una rata, pero se hubiera comido el queso tetilla que compré en el Hiper (un asco de ruido, y no me parece demasiado barato).

Miércoles, 25 de abril. No viene Javier: se ha ido a Palma por sus papeles, pero no me lo ha dicho el día antes. Me lo encuentro en el estruendoso café de Juan, que prefiero porque hay más clientela aborigen, que me parece más

---

[1] Toni Juncosa.

verdadera ¡pero tan ruidosa! Nos vamos enseguida a la casa, que María ha empezado a limpiar y que empieza a tomar cierta forma humana. Como en casa de los Flakoll. Todos estos días, por las tardes, me olvido de la *Transcendental Meditation*. Hago sólo la de la mañana, pero mal.

Jueves, 26 de abril. Duermo poco: apenas seis horas. Invité a Maya y a Jaimie[1] a comer: el pollo quedó crudo. Juan Mora dice que viene mañana a arreglar: canillas, bañera, ducha, pila; pedirle que revise el WC. No pude hablar con Toni.

Sanlúcar, 1989

(Coincidencias: el viaje a Sanlúcar empezó con una emisión en la que Caballero Bonald hablaba, con gran poder de persuasión, de esta ciudad. Las imágenes completaban el efecto. Hoy, 5 de julio, exactamente dos meses después de la partida hacia Sanlúcar, desde Barcelona, con Alfredo y Philippe, la televisión anuncia la lectura de poemas de Caballero Bonald por el autor. El último está dedicado a Lluc Alcari, lugar donde veranearon Vargas Llosa, Carlos Courau, Héctor y Martha Arena, y donde Alfredo y Philippe suelen bañarse con los Biemel, previa inmersión de un termómetro —en el mar, claro— y regresar para el almuerzo con la cosecha de piñas gracias a las cuales, cuando esté cansada de Deyá, podré incendiar la casa y sus recuerdos.)

Busco en la biblioteca las *Historias de cronopios* para repasar las «maneras de viajar». Sólo recuerdo con precisión la frase referida a las esperanzas que, como las esta-

---

[1] Maya y Jaimie Flakoll.

tuas, se dejan viajar por las cosas. Si es así, me pregunto si no entraré, al menos como viajera, en este grupo inocuo, inoperante, distraído.

Recuerdo también que Ulises, durante su viaje, se llama a veces «Persona» («nadie», o «máscara» en latín). Como si en el viaje uno no fuera nadie, como si lo que existiera fuese solamente lo que se ve. ¿Qué pasa si el viajero está demasiado presente? El viaje deja de ser. (Recordar los que hablan de la visita a la Pinacoteca de Brera, con el finado Pepe, delante de las ruinas de Itálica, o de los chipirones rellenos frente al monasterio de Matra. O los que se ven retratados en las novelas, otra gran propuesta de viaje. El viaje importa como metáfora.)

Yo no sé si el delirio de la movilidad tiene que ver con la pasión por los viajes. El viajero ha sido sustituido por el turista, esa partícula de un montón que no se deja viajar por las cosas, que arrastra consigo la necesidad de seguir comiendo *chucrut* en el país de la paella, de encontrar panderetas cuando el mismo rock se oye en Hamburgo, en Moscú o en Sevilla. El gusto por lo diferente requiere una imaginación. Y el viaje es eso: imaginación en el punto de partida; memoria en el punto de llegada como arranque de otra imaginación: la imaginación del recuerdo. El viaje mismo, como en la historia de Zenón y la tortuga, es una imposible sucesión de inmovilidades porque el paso de una inmovilidad a otra es infinitamente divisible. Y tener pedestremente un billete de avión en el bolsillo no demuestra nada. El viaje (como el movimiento) no se demuestra andando.

La imaginación: el viaje a Sanlúcar nace de lo que imaginé viendo la emisión de Caballero Bonald y de lo que imaginaron Alfredo y Philippe cuando se lo conté. Lo que Caballero Bonald contaba era ya imaginario, aunque la TV estuviera tratando en vano de darle consistencia de realidad. Y lo que yo vi, ¿era Sanlúcar o lo que quise ver después de conocer la versión de Caballero Bonald? ¿Y lo que vio Alfredo? ¿Y lo que vio Philippe?

Sanlúcar, por hablar sólo de la meta, es Rashomón: un cuento contado por varias voces, una versión múltiple de una realidad que nunca sabremos cómo es o que quizá se componga de todas las versiones posibles. El caso es que una de ellas, el eco que en mí despertó la de Caballero Bonald y lo que la mía despertó en Alfredo y Philippe (versiones de tercer grado) fue el móvil del viaje: un producto imaginario fabricado a partir de otros productos imaginarios.

Por tanto, si el viaje nace de una imagen, el único preparativo necesario es la obtención de un punto de arranque. Seguramente la realidad no confirmará lo que esperábamos y el viaje sólo estará logrado si de resultas de él creamos una imagen diferente que relegará la primera a la condición de hipótesis de trabajo, o de espejismo, o de simulacro. Es lo que va a pasar, creo, con Sanlúcar.

Así que a la esperanza las lecturas le servirán de poco, incluso las que vaya haciendo durante el viaje. Como lo sabe, prefiere una novela de Barbara Pym, la descripción de un mesurado té con pan y mermelada en una modesta vicaría, o de una fiesta de caridad donde los que han llevado morralla para vender compran la ajena y todo da varias vueltas para llegar a las mismas o parecidas manos. Nada le hablará del último abencerraje o de la caída de Granada. Todo será ajeno a esa imagen arbitraria que guarda en el fondo de su memoria para preservarla mejor y para que su derrumbe sea más discreto, como si estuviera hecha de la arena de los sueños y permitiera surgir la otra imagen que no es de arena, sino de sombras quizá definitivas.

Hasta llegar a Sanlúcar todo pasa como las páginas de un libro que hojeamos rápidamente: algunas imágenes quedan pegadas a un comentario: las torres de vigía que jalonan largos trayectos, las flores, muchas, sobre todo rojas, que quisiera ver de cerca; los pueblos perezosos pero nítidamente derramados en la serranía, unas ruinas romanas que me impresionan menos que esas flores, ahora mo-

160

radas, del otro lado de la alambrada que rodea, como un gran gallinero, los restos ilustres de un ágora y un teatro. De los pueblos incorporo el nombre que genérica, obviamente reciben: los pueblos blancos. El nombre (quizás el plural) tiene más fuerza que la imagen misma.

Las ruinas de Itálica también están envueltas en el aura literaria de su nombre. Volvía a leer los versos que coronan la puerta de los *toilettes,* cerca de la entrada. Grupos de turistas admiran el sistema de alcantarillado; siempre causa sorpresa que los hombres de hace dos mil años fueran tan inteligentes como los de hoy, y por un instante una moderada modestia en la consideración de los propios méritos los vuelve algo más sensatos. A mí me impresionan los oscuros, húmedos pasadizos, como si las mazmorras guardaran más recuerdos que los patios, como si el lado negro de la vida fuera más tenaz en la memoria que el sol en los mosaicos.

Pero lo más evocador sigue siendo la hierba que crece obstinada entre las piedras, esa hierba, ella sí, eterna, que nace cada primavera de viejas raíces escondidas, y los cipreses, de apenas cincuenta años, que es como si hubieran estado siempre allí.

El paisaje de Ronda no admite comparaciones; se remite a sí mismo. Hay una quietud salvaje y amenazadora en ese despeñadero por el que se precipitó el arquitecto del puente. Bajamos para mirar la ciudad en lo alto; me acordé (no puedo evitar las referencias a lo leído) de *Manuscrito hallado en Zaragoza,* de sus historias de ahorcados y de mellizas horribles como una muerte doble. Me acordé del conde Potocki, de las *Mil y una noches,* en el hotel Reina Victoria, con su pequeño jardín multiplicado en laberínticos senderos donde señoras inglesas cacareaban de una terraza a otra, y alemanes desparramados en blasfemos sillones de plástico (Rilke los perdone) se mezclan en mi recuerdo con las pantorrillas robustas de un grupo de ciclistas embarcados en un *Romantische Reise,* espectáculo de fuerza y juventud

161

que me trae penosas reminiscencias de otra juventud sana de cuerpo y el alma podrida por el desprecio, que veía en noticieros y revistas de hace cincuenta años.

En Gibraltar, reducido para nosotros a una fila de coches en una carretera calcinada, esperando el momento de entrar en un inmenso mercado donde todo se compra, al parecer, más barato: transistores, magnetoscopios, cigarrillos, alcoholes, todo lo que atesora un mundo desesperado por gastar lo que no tiene; en Gibraltar, digo, sólo pensé en la frase del guía de Zazie: *«Voici Gibraltar aux anciens parapets»*, pronunciada delante de la Samaritaine. Conseguimos escapar a la carretera, al olor a gasolina, al calor aplastante, dimos vueltas por unas calles vacías y polvorientas y salimos otra vez al campo.

Subimos a Gaucín, donde alguna vez Christiane pasó unas vacaciones (Christiane, a quien no conozco, estuvo muy presente durante el viaje, y desde Gaucín, Philippe le mandó una postal. De ella sé, además de diferentes historias de una vida como todas, que tiene los pies anchos, que fue o es vegetariana. Estas presencias ajenas, ¿tienen algún sentido que ignoramos? ¿Trazan alguna figura en nuestras vidas (concretamente en la mía) que se entendería si fuéramos capaces de atar tantos cabos sueltos? ¿De cuántas gentes que no conozco ni conoceré sé el número de zapato que calzan, la forma en que se visten, sus amores? ¿Cuántos sabrán de mí cosas que he olvidado? ¿Qué es esa vida que alguien teje remotamente alrededor de nosotros?

Philippe ha escrito la tarjeta para Christiane. Vamos al correo a despacharla. Es una habitación con dos empleados. Poco interesante. Pero se llega bajando unos peldaños a un patio que es una calle, donde una mujer barre meticulosamente. Me siento a observarla, vigilo cada hoja, cada ramita, cada flor que, cuando las creo olvidadas, la mujer arrastra pacientemente con su escoba. Podría quedarme horas allí, mirándola; es evidente que también ella podría pasarse horas barriendo. Supongo que éste es el secreto de la «vida de provincia», desprestigiada por el apetito de novedad, de variedad propio de la vida ciudadana, de su dinamismo que, como las máquinas de Tinguely, no sirve para nada, de esa aceleración del tiempo que nos acerca velozmente a la muerte. Esa mujer barriendo, yo mirándola, estamos aquí en una forma de vacío temporal que imagino parecido a lo eterno.

En Sanlúcar el palacio de la duquesa nos lo abrió Caridad. Así la conocimos sin saber todavía que era ella la que se ocuparía de nuestras vidas esos cinco días. Tras la verja negra, en la plaza de los Condes de Niebla, había un patio de tierra desnuda y limpia, un patio elegante, severo y alegre a la vez, casi humilde, blanco, de proporciones justas. A la izquierda, el ala más antigua del palacio daba a un jardín como un tablero de ajedrez, con unas plantas polvorientas metidas simétricamente en una tierra clara y reseca como arena. (Un muchacho con jeans hacía vagos trabajos de albañilería. Después comprobamos que esos trabajos, así como las excavaciones arqueológicas a cargo de la duquesa y su *maisonnée,* formaban parte de la vida diaria, y al bello jardinero-albañil volvimos a verlo varias veces.) Las habitaciones grandes y frescas padecían una decoración multicolor, vagamente tirolesa, pero las duchas eran correctas, las camas limpias y por la mañana descubrimos el desayuno que era más que ducal: generoso de zumo de naranja, de café, de tostadas, de bizcocho casero. Y Caridad con su gran cara un poco caballuna y su delicioso acento, ahí para servirnos con naturalidad y discreción, como es propio de la gente verdaderamente aristocrática. Supimos que había una visita guiada del palacio y un archivo que no se visitaba pero que, dada nuestra distinción, la duquesa estaba dispuesta a mostrarnos. Así la conocimos. La presentación fue en condiciones un poco desconcertantes: en lo alto de la escalera oímos tirar de la cadena de un váter y vimos salir del reducto a la propia duquesa. Recorrimos las diversas habitaciones del archivo donde en destartaladas estanterías se apilaban carpetas con las cuentas de la casa de Medina Sidonia desde el fondo de los tiempos hasta el año anterior. La duquesa saltaba como un pájaro de un anaquel a otro, sacando con el pico el papel demostrativo de la eficacia, la modernidad y el espíritu auténticamente democrático de varios siglos de duques perseguidos y esquilmados por generaciones de reyes de bastardo origen burgués, según constaba en el opúsculo de la duquesa que se repetía en cada habitación para información de los huéspedes. En la visita previa del palacio, habíamos visto el viejo jardín novecentesco en ruinas, con algunas jaulas de gallinas y otras aves de más prestigio, pero igualmente raídas y desplumadas. Y vimos las excavaciones en una parte de la galería, excavaciones a las que se dedicaba con fervor de neófita la buena Caridad. En el curso del paseo divisamos a la americana, más joven que la duquesa, autora de los bizcochuelos.

Caridad nos contó que una vez por mes se reunían con los notables de Sanlúcar en una tertulia en la que participaban las tres por igual, y seguramente era cierto, porque la duquesa, con su suéter rojo lleno de larapatas y sus viejos pantalones reveladores de sus piernas de pájaro, era como la fachada de su palacio y como Caridad: aristocrática y simple, familiar y distante.

Paseamos por calles desiertas, al costado de la vieja iglesia. Como en Jerez, me fascinaron las interminables paredes encaladas con sus escasas ventanas simétricas en lo más alto, los depósitos donde duerme el jerez sus largas siestas. Fue para mí, quizá, lo mejor del viaje. Y los cafés de la plaza, uno donde las señoras tomaban el café con leche de la tarde, y otro, el nuestro, frecuentado por hombres bebedores de manzanilla. Los mormones, escuálidos y negros de la cabeza a los pies, predicaban entre gritos de niños y madres, en el final voluptuoso de la tarde.

Al salir de Sanlúcar el viaje había terminado como si el mundo hubiese llegado a su fin. Nada podía resucitarlo, nada podía añadírsele, ni el hotel Alfonso XIII de Sevilla, ni la estación, tierra de nadie, donde esperamos el tren de regreso. Ahora el viaje trata de resucitar, penosamente, en las palabras.

Barcelona, febrero de 2002

Paseo por el parque Güell. Llego a la entrada del país de las hadas. Es la impresión que tengo hoy, a los ochenta y dos años, la visión de la infancia, ¿o será que algunos sólo en la vejez tienen los ojos de niño que nunca tuvieron? Subo por la escalera hasta el peristilo donde un muchacho sentado en el suelo toca una guitarra eléctrica. Algunas chicas escuchan. Sigo subiendo por una escalera lateral, llego a un paseo bordeado por un balcón de falsos troncos, chicos que chupan botellas chupete de agua mineral, parejas de jubilados españoles, petisos y morrudos, del brazo, rara vez una pareja de enamorados. Continúo subiendo a la galería de columnas inclinadas que siguen la curva del paseo. Siempre grupos de chicas y chicos chupando cada uno su botella, las parejas de jubilados de caras serias. Delante se extiende la ciudad, como hecha de cajas de cartón y al fondo la franja azul, ojalá sea ése el azul cobalto o el índigo, nunca he sabido la diferencia entre uno y otro, a mí me gustaría que fuera el índigo por el sonido. Y el cielo de otro azul de porcelana. Bajo por la izquierda y llego a una terraza precedida por un bar.

Ni una mesa vacía. Unos pasos más abajo, un banco de mosaicos sigue el contorno de la colina. Mucha gente sentada, casi todos de espaldas a la ciudad y al mar, casi todos jóvenes, más algunas mujeres viudas, solteras viejas o divorciadas, se sacan fotografías. Quizás en alguna aparezca yo. Nadie mira la extensión geométrica, abigarrada, blanca, de la ciudad, y el mar más lejos. Tomo un atajo para ahorrar camino, la luz disminuye. En una vuelta, una suerte de aparición, algo como el fantasma de un arbusto en flor, flores hechas de silencio, de ensimismamiento o de pura exterioridad, el adentro y el afuera son la misma cosa, o bien no hay adentro y afuera. Del resto no queda nada más que ese camino hecho de gente distraída, de una ciudad y un mar que nadie mira y que a mí me ha llevado a lo que me estaba esperando, a mí, y tal vez, con un poco de suerte, a algún solitario como yo.

Artes y oficios

Henry Moore

Miro las extrañas figuras de Henry Moore. Y después, leyendo las notas, encuentro la explicación de mis impresiones. Dice que lo que más le interesa es la figura humana, pero que también le apasionan formas naturales: huesos, cortezas y guijarros. Que se pasa horas en la playa mirando miles de guijarros. Y efectivamente, yo había pensado mirando sus figuras que parecían lamidas infinitamente por el agua, redondeadas, desgastadas, con las grietas que el mar cava en las rocas, y en ese aire de ahogadas. Dice: «Los guijarros muestran la manera como la naturaleza trabaja la piedra. Algunos de los guijarros que recojo tienen agujeros que los atraviesan». Y luego esto que me aclara tantas cosas: «Hay formas a las cuales todos están condicionados y a las que pueden responder si su control consciente no los cierra». Yo sentía que en esas formas que nada tienen de literario (como ocurre con la pintura surrealista) había algo profundo, la expresión de cosas muy hondas, irracionales. Y es cierto que se las siente si uno no se cierra a ellas.

Dice que un agujero puede tener tanto sentido formal como una masa sólida. (¿Esto no es un poco el ser del no ser? ¿El valor de la ausencia?) «El misterio del agujero, la misteriosa formación de las grietas en las colinas y acantilados.»

Italia, 1954

Sábado, 9 de enero. Muestra de pintura holandesa del seiscientos. Una sala de Rembrandt. Me reconcilio con él, sobre todo a través de los autorretratos: dos de joven, con y sin sombrero, con sus ojos buenos de cachorro, y dos de viejo ya, como un perro sabio y triste. Los dos retratos de Tito, sobre todo el que tiene unos toques de negro en la comisura del ojo y de la boca. Todos eran compasivos, humanísimos, como saliendo de la penumbra o de una suavidad de terciopelo. Esa carne sometida al desgaste del tiempo, cuyo proceso de maduración creemos estar presenciando. De todos los pintores que hemos visto hasta hoy es el que mejor me parece dar la cualidad de lo temporal. Uno tiene la impresión de que si vuelve a ver el retrato de Tito, pálido, enfermizo, vivaz, lo va a encontrar cambiado, porque la figura va a envejecer como si estuviera viva. Y en el otro polo de la pintura, fuera del tiempo, el mundo del otro lado del espejo, con ese relieve que sólo pueden tener las cosas reales miradas *sub specie aeternitatis,* pero como individualidades, no reducidas a la categoría espectral de otros conceptos, de entes universales, *El atelier* de Vermeer, cuadro musical, con su atmósfera propia, cerrada y sin embargo envolvente. Frente a este cuadro, como frente al Tiziano de *Amor sagrado y amor profano,* dan ganas de dejar de ser espectador y meterse en ese mundo que sólo nos está dado espiar a través del cuadro; un mundo de memoria, de perfección, de plenitud. ¡Ah, si uno pudiera pasar del otro lado! Éstas son las ventanas de la perfección.

Hay otros dos Vermeer; uno, *La cocinera,* lleno de luz dorada, en la línea de *La encajera* del Louvre. Otro, marcadamente italianizante, con algo de Rubens, pero sin su opulencia, sin su carnalidad. Vermeer es demasiado intelectual para esto. Después está Frans Hals; excelentes retratos, con una técnica distinta: la pincelada evidente, añadiendo un brillo blanco o dorado; me recuerda muchas veces la manera y el color de Delacroix.

El resto de la exposición, un prodigio de técnica pictórica: frutas, caracoles, pájaros que se salen del cuadro, el agua y el vino brillando en las copas. Después de esto sólo puede venir la decadencia.

Domingo, 10 de enero. Fuimos al Laterano. Terminamos de ver los sarcófagos cristianos, algunos muy hermosos (recordar la Eva). Y luego al Museo Etnográfico, abundante, curioso.

Entramos otra vez en la iglesia; vimos el mosaico de Jacopo Torriti; se nota que ha sido trasladado del ábside más chico; las figuras se pierden un poco en el gran fondo de oro. Y el Cristo en su semicírculo azul está demasiado separado de sus apóstoles. Además está el desdichado añadido de las figuras de San Francisco y San Antonio, más chicas, porque sólo así cabían. Delicioso el jardín lleno de cisnes y de barcos.

Queda en la iglesia el resto de un fresco de Giotto con un fondo de verde marino, transparente, muy hermoso.

Enfrente está el Sancta Sanctorum. Lástima que no dejen entrar en la capilla, que se adivina preciosa a través de las rejas: frescos, colgaduras rojas y un ambiente cerrado, severo y lujoso, bien material.

Lunes, 11 de enero. Vimos *La mandrágora*. Correctamente dada con lindos trajes. La protagonista parecía un Pisanello, con su traje azul. El decorado malo. Muy bien Romolo Valli haciendo de Master Nicia y el actor que hace de Callimaco.

Surrealismo

Elementos surrealistas: las playas solas, las lejanías. Vermeer. Van Eyck (Dalí, Batlle) y tantos pintores realistas.

Me parece que el surrealismo de los objetos es un falso surrealismo (en la pintura). Por ejemplo: un maniquí es un objeto surrealista en sí mismo y en la pintura pertenece ya al dominio de la tarjeta postal. Pintar un maniquí es como pintar una cascada o un lago violeta al pie de la montaña.

Buda

En la exposición de arte japonés, veo un buda dios de la medicina. De madera; la veta refleja la luz de costado, rasante, y hace un terciopelo dorado en la cara. Todo sonríe para adentro. La figura es llena, casi gorda. La placidez es espiritual y física. Pienso en los ascetas cristianos, en los grandes santos torturados por visiones horribles, suplicando la paz, descarnados, con los ojos despavoridos del que ha visto un Dios terrible, golpeándose el pecho con una piedra. Y me veo, nos veo, aterrados por la muerte, y antes por el dolor, sin haber salido del pantano. Santos o pecadores, todos metidos en el mismo infierno. Los únicos plácidos, los únicos que se ríen son estos monjes zen.

El crítico

Historia del crítico que demuele la obra de un escritor. Los amigos de éste lo esperan con la piedra ajena en la mano, y una feroz alegría. (Recordar la lectura de la nota de M. en casa de los J.)

Murena[1], que ha mantenido una actitud de estimulante indiferencia (cuando no de aliento) ante la notoria mediocridad de la literatura argentina, saca la espada vengadora (oh imprudente ángel exterminador) cuando aparece un libro insólito, ambicioso, explosivo. Todo andaba tan bien en las ordenadas latitudes del Plata, hasta se podían permitir una falsa expresión, *Sobre héroes y tumbas,* que arde mal porque tiene la pólvora de los buscapiés y deja un olor barato en el aire. Eso no indigna, no aterra a nadie.

---

[1] Héctor Álvarez Murena (1923-1975).

Tintoretto

Las tempestades que estallan en los recintos y galerías del Tintoretto. La cólera nace del mármol, el viento es duro como la piedra, petrifica los paños que vuelan, la luz es mineral. La ira es divina, no natural. Estamos ya en el infierno.

Es curioso, yo también lo he imaginado siempre así, lleno de viento que no se sabe de dónde viene, desolado, suntuoso, aterrador como un inmenso cementerio. Quizá porque identifico la muerte con el infierno; estar muerto es estar condenado. ¿No es lo mismo o parecido lo que dice el existencialismo? Mientras hay vida hay esperanza; todavía no te pueden juzgar definitivamente, algo todavía puede salvarte. Con la muerte *les jeux sont faits*.

Pizarnik

La poesía de Alejandra: un pájaro que dibuja en el aire la palabra clave.

Desastre

Encuentro en *Au-dessous du volcan* de Malcolm Lowry esta frase que podría ser un epígrafe para un libro de Onetti: «Es posible que al fin se descubriera en el desastre cierto elemento interno de triunfo».

Saint-John Perse

En un barrio de mataderos o fundiciones (Saint-John Perse, *Amers,* V), nace la vocación del que canta al mar. En principio, el ciego es el mejor cantor porque es «el que ve». Qué delirio de «reconstrucciones» a través de algunas imágenes que han perdurado de la infancia, no elegidas, quizás insignificantes o poco significativas, o a través de palabras oídas aquí y allá que sirven de cimientos a una construcción que debería ser frágil y sin embargo se tiene en pie como ninguna.

La presentación

El autor presentado por alguien que se desencadena en elogios frente a un público todavía escéptico, que todavía no cree todo eso, da siempre la impresión del enfermo pobre de hospital que el gran patrón presenta a sus alumnos como un caso interesante, hermoso, como dicen ellos mismos. Y el enfermo está allí y no sabe si alegrarse de ser un caso interesante, o afligirse de estar enfermo. Y hay la misma impresión de desamparo del que está desnudo en medio de gentes con traje, corbata y sobretodo.

Escrituras

Escritura impresa como una cosa en la cual la mirada se desliza o se traba, se hunde o sobrevuela. Escritura impresa como una materia densa, que no suelta, o aérea, transparente, inexistente. La escritura de Mérimée es dura y transparente; la mirada la recorre como una serie de prismas perfectos, brillantes, satisfactorios. En la escritura de Genet el ojo se enreda, arrastra a la palabra siguiente la anterior, que se queda pegada, le deja su huella.

Silvina

Esta mañana[1] me llama Silvina[2]. Le cuento lo que soñé anoche. Paseábamos por un parque y yo le decía lo que me gustaban sus poemas de *Amarillo celeste,* que empecé

---

[1] Texto escrito el 22 de abril de 1974.
[2] Silvina Ocampo.

a leer ayer. Ella me escuchaba con cierta distracción, con cierta indiferencia. Después me proponía mostrarme una fuente del parque. Era un gran tazón oval de piedra con una gran figura de mujer en el centro, de tamaño más que natural, apoyada de esa manera incómoda que se ve en las fuentes de Roma: en la punta de una nalga, con una mano en alto, las piernas en el aire, y a pesar del equilibrio tan precario, una inexplicable alegría en la cara sonriente. Al acercarnos veo que la estatua es una mujer de carne y hueso, una giganta, con un lindo color tostado. En la fuente se está bañando un jabalí.

Silvina me dice que justamente ha estado revisando un poema sobre una fuente con una sirena que había en su casa de San Isidro cuando era chica y que a ella le gustaba mucho.

Hablamos en general de sueños, le cuento que he soñado muchas veces con ella y con Victoria[1], a quien sin embargo he visto tan poco y con quien tengo tan pocos (ninguno) puntos de contacto; que sueño a menudo con muertos, cuando ya me apenan menos, en sueños que son metáforas del olvido. Me dice que ha soñado con su hermana Pancha, a la que quería mucho; ella tiene un par de zapatos que le permiten volar, le presta uno a su hermana y vuelan las dos juntas. El sueño le da una alegría que le dura una vez despierta. Cree que el sueño es otra forma de realidad tan real como la de la vigilia.

Después empieza la eterna cuestión de que vaya a su casa a comer. Me disculpo como puedo y quedamos en hablarnos para vernos antes de mi viaje.

La conversación toda me divierte, aunque tengo la impresión de que me escucha como un vampiro. Cierto que de alguna manera yo también lo soy. La *preuve* es esto que escribo.

---

[1] Victoria Ocampo.

Pero le cuento esta noche a Alberto[1] cómo es posible entenderse con ella: siendo absolutamente como uno es (en la medida en que uno sea capaz de no mirarse en el prójimo cuando habla o actúa, pero creo que él puede más que nadie. Yo me acomodo, por lo menos de entrada, siempre o casi siempre).

En todo caso, cuánto mejor lo pasé en esa media hora de charla que en la larga comida de ayer (un plomo). No hubo nada que recordar de todo lo que se dijo en casi cuatro horas.

Las mil y una noches

Han pasado tantos años y todavía recuerdo las páginas del libro desencuadernado (terminaron faltando las primeras), con ilustraciones que jamás pudieron tanto como lo que podían las palabras. Los jardines secretos, los palacios de mármol negro, las tumbas que eran palacios en los que se entraba furtivamente y en la noche. Es el libro de la noche, no sólo porque los cuentos son narrados desde la puesta del sol hasta su salida. Yo lo recuerdo como el lugar nocturno y Bagdad era para mí siempre la ciudad de noche, todo pasaba de noche aunque fuese de día. Las tres hermanas, los perros negros castigados, los juegos que sin entender de algún modo entendía, la crueldad y los celos, las orgías de las mujeres, entre esclavos, aludían también de algún modo al mundo nocturno de la falta, la infracción a la ley, el sacrilegio. Bagdad es la noche. Pero quizá sea también cierto que toda ciudad lo es de noche, no de día, sin misterio.

Una sola palabra

Le decía a Héctor Bianciotti: «Todo escritor quisiera ser poeta. Entre tanto va escribiendo *Guerra y paz*». Es cierto.

---

[1] Alberto Girri.

Quizá porque la meta es la de mi sueño: llegar a decir en una sola palabra el nombre de un pez con circunstancias de tiempo y lugar.

Austen

Dice Jane Austen de un editor (el de Byron): «*He is a rogue, of course, but a civil one*»[1]. Última voluntad (a su hermano): «*I want nothing but death*»[2].

Blanco

Esperando que la palabra agarre se produce un gran blanco, semejante al del papel. Ese blanco es lo que habría que expresar, como el *carré blanc* de?[3] (preguntarle a Eduardo[4]), pintar lo no pintable, decir lo no decible, el blanco de palabras que llenamos con ellas porque nos es insoportable. ¿Y por qué es insoportable el blanco, el vacío, el silencio absoluto? ¿Por la falta de límites?

Marilyn

E. encuentra «vulgar» a Marilyn y bellísima a Ava Gardner. Yo, sin negar la belleza de Ava, le digo que la de Marilyn me conmueve más. Ahora sé por qué: Ava tiene siempre el pelo con laca. Marilyn se ha comprado el estuche de maquillaje en el Prisunic y se ha pintarrajeado. Y todos sabemos, desde el primer momento, que será Milonguita, que dará el mal paso, que está perdida.

---

[1] Es un granuja, desde luego, pero uno civilizado.
[2] No quiero más que la muerte.
[3] Kasimir Malévich.
[4] Eduardo Jonquières.

Guernica

Los perfiles de las mujeres con sus cuellos redondos a la Ingres. El caballo y la mujer con el niño muerto tienen una lengua en forma de pica: el alarido tiene forma de púa. El niño muerto es como un trapito. La obra está llena de alaridos y relinchos; es el matadero. Cabeza decapitada, brazo cortado. Una lamparita de *morgue* ilumina la escena. Pero una mujer se asoma por la ventana con una luz, y en la otra punta el toro no pierde la calma.

Warhol

Andy Warhol se parece a Buster Keaton, con máscara de payaso sin patetismo: una cara deshabituada, verdaderamente sin alma (pero no desalmada).

Y tal vez fuera así, sin alma, ese hombre que se pasó la vida juntando todo y cualquier cosa: cajas vacías, tickets usados, copas de cristal, cálices de plata, cuadros, como si quisiera llenar con el mundo entero ese inconmensurable vacío que tenía dentro. No fue un artista, se dijo, sino un momento de la sociedad de la cual se volvió espejo consciente, acentuando el horror, la fealdad, la multitudinaria repetición clónica de caras penosas, paisajes, objetos, latas de sopa.

Arnaldo Calveyra

El origen de la luz. Preciso, transparente.

P. D. James

La mort en blouse blanche. As usual, bien planteado el enigma, bien trazados los caracteres, banal el desenlace.

Ivy Compton-Burnett

Mother and Son. También la perfidia puede ser tediosa (a pesar de un innegable sentido del humor). Diálogos de porcelana uniforme. Ejemplar su rechazo del realismo en función de una realidad solapada y maligna.

Cortázar

Con respecto al éxito de *Rayuela* (como de Camus). Porque trata de responder a la pregunta: ¿cómo vivir? (lo dice Roger Grenier).

Y Josyane Savigneau, también sobre Camus (aplicable a Julio Cortázar): «Pobre Albert Camus, que se quería moralista, rebelde, y que la posteridad transforma en "imagen pía" (¿de catecismo?)».

Y lo que dice Octavio Paz de Fuentes, citando estos versos de Quevedo: «Nada me desengaña, / el mundo me ha hechizado». Señala como características de Fuentes las que son de Julio Cortázar: entusiasmo, capacidad de asombrarse, frescura de la mirada y del entendimiento... y poder mental para convertir esas sensaciones e impresiones en objetos verbales, a la vez sensibles e ideales.

Las «virtudes» personales de Julio bien conocidas por quienes lo estimaban, e ignoradas por los demás, no son lo importante: lo que cuenta es la obra. En lo otro hay más posibilidades de duda. E incluso, ¿quién puede meterse a decir, con certeza, cómo era un hombre? En el caso de Julio, sus actos fueron a veces contradictorios: muchos de ellos te sorprenderían. No es el caso de convertirlo en paradigma. Le hubiera repelido. De lo que hay que hablar es de la obra. Para lo demás: silencio.

Keats

Pocas cosas ha dicho Keats sobre la poesía que, examinadas atentamente y habida cuenta de las dificultades de la comunicación, no resulten verdaderas, y aún más, verdaderas para una poesía más grande y más madura que la que Keats jamás escribió.

Beckett

Anoche, en el cumpleaños de Julio Silva, le digo a Saúl[1] que Beckett escribe por sustracción, no por acumulación. Por resta, no por adición. Se va desnudando de palabras, como los cuerpos tanto de *Molloy* como de *Malone meurt* se van desnudando de su carne y hasta de sus huesos. Le recuerdo la frase de Mozart.

Poesía y prosa

Sigo leyendo los poemas de William Carlos Williams. Son como una buena prosa cuando la prosa es poesía, una poesía sin adjetivos, casi, sin patetismo, pero muchas veces conmovedora en su no decir el sentimiento.

La palabra justa

La poesía salta cuando menos se la espera. Releyendo *Imagen de John Keats* caigo en esto, que con un pequeño cambio en la distribución de las frases, da lo siguiente: «… y a veces me vuelve la sospecha de que en nuestras obras colabora la no apagada sed de algunas sombras, otra vez al escribir derramamos una sangre que ellas beben aunque la espada de Ulises las aparte y amenace…». Y me acuerdo de un verso donde bien se dice que «manos de sombra y polvo nos empujan», o de Rilke, preguntándose

---

[1] Saúl Yurkievich.

a la hora del canto de amor «quién sabe quién / lo murmura conmigo».

La misma feliz sorpresa tuve al leer un poema interesante aunque de ritmo monótono y de imaginería gastada, y tropezar con un adjetivo tan bien puesto, que sentí la poesía detrás y alrededor: «En este desvalido palacio que habitaran / duques ensimismados y marquesas infieles», en el que el adjetivo «ensimismados» opera el milagro. El poema es de Juan Manuel Romero.

Leo en la *Odisea* el delicioso episodio de Nausícaa la bien vestida.

Después del naufragio, Ulises llega nadando a tierra, trepa, medio muerto, a un collado, se hace literalmente un nido de hojas, se cubre con ellas y, rendido, se duerme bajo unos tupidos laureles.

Entretanto Nausícaa, incitada en sueños por Palas, decide ir a lavar la ropa al mar y le pide a su padre que le deje usar un carro. El rey Alcino se lo concede y ella sube al carro con sus criadas. Blande el látigo y sujetando las «brillantes riendas» pone en marcha el carro. Y ahí Homero apunta: «Se oye el ruido de los cascos». Este detalle aumenta la vida y la visualidad de esta escena cuyos protagonistas son rústicos reyes y princesas, como seguramente serían, o como el público que escuchaba a Homero creía que eran.

Biografías

Toda biografía o autobiografía, o memorias se tienen que articular en torno a algo: hecho, idea, recuerdo, y a partir de ahí, nace una idea estructurante y el texto va para adelante, para los lados, para atrás, como en la conversación y en la vida. ¿Qué significa realmente, en ciertos casos importantes, el antes y el después?

Escribió Ortega y Gasset en 1932, prologando una edición de sus obras: «Toda vida es secreto y jeroglífico». De aquí que la biografía sea siempre un albur de la intuición. No hay método seguro para acertar con la clave arcana de una existencia ajena.

Preferencias

Clásicos que me llevaría a la isla desierta: *Don Quijote*, *Ensayos* de Montaigne, *La recherche* de Proust, el *Cántico espiritual*. Modernos: Cortázar, Calvino y algunos poetas.

Palabras

La palabra y el ser

Entre los turcos-mongoles y los tibetanos el ciclo mítico de Gesar se cuenta en invierno y de noche. Se prepara una zona sagrada, espolvoreada con harina de orge tostada, y los hombres se sientan alrededor. Dicen que antiguamente, después de narrados los mitos, aparecían en la harina las huellas de los cascos del caballo de Gesar. Es decir, por obra del relato, el caballo y el héroe aparecen realmente.

Analógicamente, por obra de la poesía, la cosa mentada (o mejor, nombrada) existe realmente. Entre la palabra y el ser no hay hiato, discontinuidad.

Psicoanálisis

Aquel que conoce el origen del fuego puede sostener un tizón entre las manos.

En el *Kalevala*, el viejo Väinämöinen, gravemente herido, canta el nacimiento de la causa de su herida, pero no puede recordar las palabras que refieren el origen del hierro, las palabras que pueden cerrar la brecha abierta por el acero.

Si conociéramos el origen de nuestros males, si pudiéramos contarlo, curaríamos. ¿No es acaso la tentativa del psicoanálisis?

Cartas

La gente que escribe cartas con lenguaje oral, creyendo así ser más natural, menos convencional. Como si forzosamente la diferencia entre una persona y un papel no nos impusiera una diferencia de tono y de lenguaje. *Comme quoi* esta naturalidad se convierte en la peor retórica, porque es grosera, sin refinamiento.

Ahora muchos chicos jóvenes escriben así, en parte por ignorancia, en parte por timidez. Oyen su voz y se sienten más de uno, se dan ánimos.

Títulos

Abro la *Antología personal*[1], de Borges, caigo en un título que no recuerdo: «Una rosa amarilla». Pienso en el otro título, «Una flor amarilla»[2]. Leo el texto, que tiembla y está inmóvil, como la luz en un día de verano.

De oídas

Alguien escucha las palabras que salen volando de la boca del otro, se enroscan a su alrededor como un embudo de hojas secas y terminan desapareciendo por un agujero de alcantarilla, a sus pies, con un largo, indecente ruido de succión.

Decía doña Francisca: «Su casa es una joyería».

De una mujer: «Se le subieron los pies a la cabeza».

Diálogo:
—¡Qué triste es esta calle!
—Sí, todos los caballos se han ido.

---

[1] Publicada en 1960.
[2] Cuento de Julio Cortázar que integra *Final del juego* (1956).

Le cuento a Emma un entredicho con el verdulero. Me dice, conciliadora: «Bueno, no te vas en ditirambos con el verdulero».

Otras frases de Emma:

De Maruja S.: «Es tan ordenada, es ordenada *in extremis*».
De Olga: «Esas gentes que son bifocales».
De otros: «Es una *ave raris*». «Fulana, que está rodeado por todo el *capolavoro* de la Nación.» «Fulano, que estaba *almibalado*.» «Está flaco como el *Hara* Krishna.»
De sus orejas: «Como son lábiles, se me caen los aros».
De sí misma: «Porque yo no soy de esas que van a lo del Rey Salomón a hablar de los chicos».

Familia de palabras
Derrota es también derrotero, pero derrotero ¿no es siempre derrota?

Vida

Dioses

Los antepasados del hombre primitivo son los dioses; los nuestros son los hombres. Nostalgia del padre dios, de la madre diosa, eterna, invariable, que aparece desgarradora en los sueños. Quizás eso explica nuestros remordimientos hacia quienes alguna vez, en nuestra mente infantil, fueron dioses.

Cuerpo

Un estado leve de náusea, tan leve que es casi placentero. Esos estados en que el alma se condensa en una bola compacta, una especie de knödel ubicuo, aunque situado de preferencia entre el velo del paladar y la boca del estómago. Únicos momentos en que uno siente que es como un cuerpo que pesa, como una masa que se desplaza a costa de otra masa —aire frío o caliente, humedad— en la que está contenido. A diferencia de otros estados en que se siente el cuerpo, pero como pura energía, o impulso, o pura intensidad, jamás como peso, como masa (el placer en general, sea el amor, el mar, el aire de las alturas), en que se siente justamente como una pura trascendencia, como una liberación del peso, la enfermedad, cuando no es aguda, da esa sensación de existencia real, poderosa, del cuerpo. Si el estado es agudo, es decir, si hay un dolor o un miedo intensos provocados por la enfermedad, tampoco se llega a ese estado de gravedad que da el malestar leve, sin dolor, la náusea, el mareo ligero que une el fondo del ojo con el estómago como si fueran un solo órgano.

La extranjera
¿Alguna vez dejaré de ser extranjera para mí misma?

Horas
Momento del despertar, cuando todavía nos dormimos fácilmente, y el sueño es como un punto, una mota de algodón que se estira e invade toda la conciencia (aquí estaría bien hablar del campo de la conciencia, porque estar despierto es tener delante un campo más o menos nítido de objetos). Al despertar de golpe, la mancha se achica súbitamente, se resume de nuevo en un punto y aparece otra vez el mundo.

Esa hora del día en que llevamos la sombra dentro. Después nos empieza a salir del cuerpo, nos sigue, la seguimos hasta mediodía en que logramos por fin tenerla bien aplastada bajo los pies. Pero dura poco, empieza otra vez el juego de escaparle, escapándonos hasta que se nos mete por un largo rato dentro. Entonces aprovechamos esa hora para morirnos, para arrepentirnos.

El insomnio empieza con afinados triángulos negros de Kandinsky, tantos como ojos quemados nos crea el esfuerzo de apretarlos, negar la realidad, caernos blandamente en el sueño. Esos triángulos ojos flotan a la altura del estómago, negros en la oscuridad, más negros que la noche misma, negros de terciopelo. Tienen un ritmo musical, oscilan y están ahí, suspendidos como en el marco de un cuadro sin tela. No sé en qué momento todos los triángulos son ya un solo rectángulo claro, gris tal vez, que nace de una línea vertical entre el esternón y el ombligo, para arrollarse alrededor del cuerpo, preparar la momia para el sueño, el gran bebé tiernamente envuelto en su faja antes de ir a la cuna. No se le ve la punta, pero ya no hay ojos triángulos, ni tampoco todas las rodillas apretadas, tantas rodillas como ojos, tratando de hincarse en el colchón vertical, para no caer de la cama. Ahora es el largo rectángulo ambiguo, sin fin visible, sin líneas demasiado altas, que se desdibujan a medida que las rodillas disminuyen, ya son sólo dos, ya no se aferran como manos al colchón, y la faja del bebé te envuelve y te acuna y se convierte en un cuadrado blando ya, cada vez con menos aristas, casi círculo femenino y maternal, ni rodillas, ni ojos, ni cama, sólo círculo, ni yo ni el círculo, sólo el círculo y otra vez los triángulos.

Y en este insomnio sin angustia veo que se asoma un poco de luz por el costado de la cortina doble, serán las cinco, y sólo me falta para ser yo un carro pesado y los cascos de un caballo sonando a gris en el empedrado, y el carrero despierto como yo, ya testigo de que la noche ha terminado y ha perdido el poder de engendrar monstruos y es ya la vigilia y puedo dormir.

Por la mañana, abrir la ventana del cuarto para que salga la noche, sus fantasmas, sus remordimientos, sus pesares.

El sollozo con que arrancan los trenes.
El pitido desconsolado en la desolación de la noche.

Natural

Los pájaros tienen el corazón frágil; los pulpos se vuelven neuróticos cuando pierden la fe en la cazuela roja; se suicidan sofocándose entre sus muchos amorosos brazos, o se comen las uñas hasta acabar con los dedos.

Y anoche (¿azar?, azar poético, diría Julio, o sea, lo contrario del azar, la verdadera ley, la que nace no sólo de la profunda naturaleza de la cosa, sino de la armonía de la cosa con el resto, la que hace la fatalidad ineluctable del suceder), anoche me entero de que también las arañas se enloquecen y tejen telas descabelladas asimétricas y me imagino que se pierden en ellas, y como Ofelia (que también terminó tejiendo mal su tela) mueren ahogadas, cantando, arrastradas por la corriente, lo único horrible es este asesinato de los animales, en la perversidad de provocar en ellos el suicidio o la locura, es el papel del hombre, rey de la creación, movido santamente por el ansia de saber, de crecer, de multiplicarse.

Ah, no, mejor no abrir la última puerta detrás de la cual está la que se ríe.

La mirada del perro que ha visto todo, lo ha olvidado y le ha quedado la tristeza.

Las hojas de roble susurran un augurio que no entendemos.

Hace un calor de persianas cerradas, de búsqueda de corrientes de aire, de mucho hielo chocando contra las paredes del vaso. Mis geranios parecen de gallinero; recuerdo los de Fermina ocultando el alambrado detrás del cual cacareaban las gallinas resignadas al calor de la tarde. Los geranios y su olor tan verde.

Me regalaron en el vivero un sobrecito con semillas de zinnia gigante, a mí que no me gustan siquiera las de tamaño natural. Pero no era cuestión de mirarles el diente: las sembré como quien se desangra. A los tres días asomaban las hojitas gemelas. (¿Por qué será que todas las semillas brotan de la misma manera?) Y así tendré innumerables, enormes zinnias, yo que sueño con minúsculos jazmines, sigilosas violetas, toda suerte de flores cautas y secretas.

La principal característica del reino vegetal es una simpatía inmoral hacia la Innombrable.

Entre los animales aun el más insignificante, como la gallina, sabe que debe huirle, y a la menor amenaza de terremoto, por ejemplo, da muestras de gran nerviosidad con roncos cacareos y se apresura a recoger a sus hijos para sumirse luego en la más profunda de las apatías. ¡Igual que los idiotas y los perros!

De éstos, justamente, se sabe que huelen a la Innombrable desde muy lejos y que aúllan para alejarla o prevenir a sus amos. Pero eso sí, cuando se trata de Nicole, el perro en lugar de huir permanece fielmente a su lado, pues a veces el amor puede más que el susto (a menos que el asesino sea el perro; con estos animales tan inteligentes nunca se sabe).

Del gusano se ha pretendido que se solaza en la corrupción, que vive de ella, vagabundo de calaveras, merodeador silencioso bajo la bóveda de las costillas. Nos consta que para negar a la Innombrable está entregado a la infinita tarea de destruir sus obras.

El tigre no condesciende jamás a una presa inerte, y se necesita la vulgar glotonería del cuervo y el chacal para hartarse de carroña. Pero las excepciones confirman la regla.

En cambio, ¿qué excepción vale frente al impudor de la hierba creciendo en los cementerios, frente a las coronas minuciosamente preparadas para los velorios? ¿Cómo justificar las preferencias del reino vegetal?

En los alvéolos de las piedras ausentes se asoman los helechos fingiendo ruinas románticas en los pavimentos manchados de antigua sangre seca y en los pasillos secretos construidos por los emperadores para huir de la Innombrable y donde los esperaba, infalible, el puñal del asesino.

Elementos

El silencio de la nieve se desplaza hacia atrás, hacia el pasado, como si el ruido, las voces, nunca hubieran existido.

Un vent effiloché.
Penser à flocons.

Un viento de trapos viejos.

El viento, el agua y la melancolía.

Los derrumbes del mar,
la polvareda de las olas.

La casa estrecha de la niebla. El horizonte que se acerca y la sirena que muge como una vaca desolada, golpeando inútilmente en paredes de goma. Ningún mundo más solo que un mundo pequeño. La soledad del mar es más «desolada» cuando la niebla la ahoga, la aplasta, la estrecha.

El eco le va pisando los talones.

Dice una vieja *pénicheuse* o *pénicharde* que ha viajado sola cincuenta años en su *péniche,* mientras muestra el corral donde se alojaban los caballos que arrastran desde la orilla la barca, y el lugar donde está el heno: «*Ça fait de beaux souvenirs*».

Otro conductor de *péniches* cría palomas mensajeras, pero las tiene encerradas en una jaula para no perderlas. Pobres palomas, son como un gran avión metido en un autobús. Otro tiene perros. Perros: tierra. Palomas: aire. *Péniche:* agua.

El terremoto rompe la costra de la historia. Debajo, el ser sin tiempo de la tierra.

Casas

Cuando voy a Álvarez Jonte repito en voz alta: «¡Qué pena! ¡Qué pena!». Y en esas palabras que resuenan en la casa deshabitada, pero que conserva todavía su alegría, la pena se corporiza, queda ahí como un objeto más que no consigue afearla, entristecerla.

Vendiendo todo lo que junté en Álvarez Jonte me siento como una gallina maligna y estúpida que desparrama con las patas lo que ha juntado con el pico, hace para deshacer.

Y ahora me acuerdo de que no volveré a la calle Paraguay, al patio gris, a las baldosas carcomidas por el hollín y las lavadas, a las paredes grises de la tristeza de los pobres, la escalera gris de la tristeza de las chancletas, las macetas con sus grises plantas raquíticas. Ni tampoco al juego de dormitorio de mamá, su ropero de tres espejos que alguna vez tuvo guirnaldas de bronce, la cama alta, las mesitas de luz, una con el libro de misa, el rosario negro, el tubo de aspirinas, la mantilla modesta, los evangelios;

del lado de papá, las pastillas del Dr. Andreu, un pañuelo, y encima, sobre el mármol rosado, la foto de Mariano[1] vestido de primera comunión. Y el escritorio de papá, lleno de cajoncitos y papeles de toda la familia. Ahora sí me quedo definitivamente huérfana, definitivamente adulta, sin posibilidad de confrontaciones, de evocaciones. La avenida por la que anduve perdida, con la muerte en el alma, arrastrando una pobre desdicha, una juventud ignorada, un tiempo largo y vacío. Cielos altos, allá adelante, con nubes opulentas; paredones de ladrillo a la Chirico, soledad, oh, mi soledad. Y algún domingo caminado por calles rotas y sin gente, sin saber qué hacer de mí misma.

Increíble que ahora esté aquí, hoy 5 de enero de 1963.

El grito de un chico en una calle vacía es un domingo por la tarde en un barrio de Buenos Aires.

El tiempo murmura. La aflicción de los objetos. La compasión de la casa.

Amor

El amor no se construye día a día. Es instantáneo y no dura. Lo demás es tentativa de sustituirlo por otro vínculo, el de la poesía del objeto que nos deslumbró, que tiene ese poder. Poder que pierde en la medida en que es nuestro.

Una carta: No, todavía no soy un fantasma aunque poco me falte. No lo eres para mí, pese al tiempo y la distancia. De vez en cuando me llegan noticias remotas, como si viviéramos todavía en una hora sin fax ni internet.

---

[1] Mariano Bernárdez.

Si los planetas muertos dejan grabada su sombra en otros planetas perdidos en la sombra del universo, sombras, voces, lágrimas para siempre grabadas, ¿no hay olvido posible del dolor ajeno?

Dos almas (espíritus) se disputan el portaalma de Julio Cortázar. Una arroja un chorro continuo de imágenes impulsadas por un torbellino de lo arbitrario y lo improbable; la otra levanta construcciones geométricas obsesivas que mantienen el equilibrio sobre la cuerda floja.

La tierra, remedo de tus pálidos huesos, se ha vuelto de mármol. Inútil arañarla.

Vestidos
Las mujeres se acuerdan de las cosas más perecederas. Esperando el 82 en la Place Victor Hugo, una señora vieja y modesta mira una vidriera de Francesco Smalto donde brilla como una joya un traje de hilo amarillo. Me dice: *«C'est ravissant»*. Y me cuenta de un vestido amarillo que tuvo en su juventud y que todo el mundo *remarquait*. Se acordaba de eso como no sé de qué cosa análoga puede acordarse un hombre.

Nunca tuve un vestido de fiesta. Lo digo sin nostalgia. A la edad a la que a una chica un vestido de fiesta la hace soñar, a mí ni se me ocurría que pudiera tenerlo. Para mí eso era el cine: el satén cayendo sobre Jean Harlow o Carol Lombard, para vestirlas y desvestirlas.

De pronto me doy cuenta de que lo que yo hubiera debido hacer (o no hacer) es conseguir una porosidad cada vez mayor a ciertas fuerzas, o aguzar el oído a ciertas voces que alguna vez, siempre, he entreoído, y que mi lado sistemático, racional, práctico, han dejado de lado, o han hecho a un lado. Había que estar más atento a eso, menos distraído por una novela, un pollo al horno, un vestido. Cuestión de concentración.

Tiempo
Los días me traen implacablemente el pasado.

Aquel tiempo en que el tiempo duraba.

Momentos de vacío que se extienden sin alargarse, como un plexiglás cóncavo donde las imágenes se deforman y producen un poco de mareo. Y eso dura, dura infinitamente y de pronto todo el tiempo, de golpe, ha pasado, y nos hemos quedado con las manos vacías.

Están inclinadas sobre la mesa, leyendo atentamente el certificado de bautismo marino. De golpe Monique se incorpora, y mirando a Alice a los ojos, con fría malignidad, le dice: «Nada, nada, nada», separando implacablemente cada palabra que cae como un golpe macizo en la nuca de Alice. Sólo ellas saben: la vencedora y la vencida. Alice se echa atrás, se aprieta el liso pecho de trece años, desvalida. Ahí entiendo que inventó curvas, blanduras que todavía no existen. La adolescencia es, de ese modo, el comienzo del tiempo. Hasta ahora Alice y Monique han sido más que inmortales, eternas. Saben de oídas que el mundo, esa cosa confusa, brillante, indefinida, existía antes de ellas. Pero ¿qué garantía hay de que ellas y el mundo no hayan nacido al mismo tiempo, el uno para el otro, el gran amor, la gran pasión, el gran destino? En un principio eran Monique y Alice, *le verbe c'est moi*. Si los días no son muchos en sucesión vertiginosa o lenta, si los días son un solo día largo cuyo comienzo es tierno y rosa como los escarpines de lana que estrenamos al nacer, el tiempo no existe. Ni existen ni el frío ni el calor, ni la noche ni el día, sino la repetición cíclica (¿desde cuándo?, ¿hasta cuándo?) de los juegos: la estación del trompo, del balero, de las bolitas, de la soga. No hay transcurso sino una especie de orden (no de antes y después) sino de «ahora es el balero», de los infinitos momentos de un tiempo estanco, dado de una vez por todas, y circular.

El tiempo empieza a existir cuando el cuerpo de Monique, trece años, ojos celestes separados, hocico de conejo, empieza a vivir por cuenta propia, se comporta de manera extraña, crece a ojos vistas, empieza a abultar en algunas zonas, mientras otras se afinan. De la contemplación de esos cambios, sabidos pero no creídos (como la redondez y el movimiento de la tierra), nace el sentido del cuerpo como un límite no de adentro afuera, sino a la inversa. Yo, el universo, termino donde empieza, un metro 55, 45 kilos, pelo negro. Ese límite que se ve cambiar (por primera vez es cierto; hemos crecido, sí, lo decían las amigas de nuestra madre ante nuestra fastidiada incredulidad, porque en toda la infancia no hemos sido un cuerpo sino un espejo ávido de bellas imágenes), sin que intervengan ni el deseo ni la voluntad del que pasa por ser irrisoriamente dueño (cuando el cuerpo es entonces como el perro, algo nuestro y ajeno), nace el tiempo. A partir de los humores empiezan a contar los días, las estaciones, los presagios; ahí nacen el pasado, los recuerdos.

El ruido del mar es el ruido del tiempo. La música es el ruido de la memoria. Los mitos: ruido del tiempo.

Dije: este año está lleno de tristezas, y no, era el año anterior. ¿Es porque para la tristeza no pasan los años? ¿Es obra del tiempo, tan veloz que un año pasado es todos los años pasados, y el que vivimos, y el que viviremos?

Pasado: ese dolor sordo, tenaz, de la herida ya cicatrizada, dolor de miembro mutilado, fantasma de dolor, dolor fantasma.

Corro detrás del tiempo. Veo todavía flotar en el aire las vainas de las tipas y el suelo amarillo. (Desarrollar: y sin embargo tantas cosas han pasado. ¿Han pasado? ¿Dónde están? Mirar adentro y no encontrar más que eso: la vaina flotando en el aire.)

El invierno (¿o el infierno?) de la memoria.

A medida que avanza, un muro de sombra cierra atrás el camino. No queda otra salida que seguir interminablemente para descubrir, al volverse, que atrás el camino ha desaparecido.

Seguir adelante hasta llegar a la luz que indica... ¿Qué? ¿El final del camino? ¿Otro comienzo?

Y así pasa con muchos años: desaparecen, se borran de nuestras vidas. ¿Existieron? ¿Son un hueco en el tiempo?

A pocos días de cumplir 88, pienso, perpleja: «Se fueron juntando tantos años en tan poco tiempo». Y recuerdo la frase de Lévi-Strauss, a los 90 años: «Siento una gran perplejidad. Me veo como un holograma al que le faltara un pedazo», o algo así.

Leo en *Campo Santo* de Sebald un capítulo con ese título sobre los cementerios en un pueblo de Córcega. La memoria se destruye tanto como las losas sepulcrales, las columnas truncadas, las cruces de latón. Olvido no sólo de todos y de cada uno, sino de los árboles, las casas, el mundo mismo.

Muerte
¿Qué le dijo a Eva la serpiente? Le reveló que era mortal. Y ahí empieza el pecado: los gorriones que arrancan inocentes su tal vez último vuelo del árbol peludo en el patio gris. Vuelan con la alegría de antes de la revelación. Ya no somos capaces de esa alegría, porque sabemos que todo se acaba y de la peor manera. El orden de los dioses se llama ciclón o leucemia.

El muerto impávido, más allá de la alegría y el dolor. Debajo, la calavera sonríe.

Lo único importante que me queda por vivir es la muerte.

México: Noches en que ladra el perro de ceniza (es el perro calcinado que acompaña al dios de la muerte, también calcinado).

El que construye su vida como un castillo de naipes. Los naipes salen al azar, los elige sin mirar. Un ventarrón los desbarata. Quedan en desorden, dispersas las cartas sobre la mesa. Así se muere.

Creo que siempre tuve una vocación de oscuridad y de secreto.

En la TV un monje budista, erudito, joven y simpático, dice que cuando un hombre alcanza la muerte en estado de meditación entra directamente en el Nirvana (no pasa por la reencarnación).

De Gaulle se muere mirando la TV (quizás una forma de meditación). ¿Acaso la anécdota de Santa Teresa y la tortilla no es comparable?

¿Sería éste el sentido de lo que siento en ese momento de paz y de abandono que precede el sueño? ¿La esperanza de que morirse puede ser así?

Para morirse basta cerrar los ojos, dijo alguien; es muy fácil, añadió.

A punto de morir («ayer me dieron la extremaunción») Don Miguel le escribe a su dedicatario de *Los trabajos de Persiles y Sigismunda*, Don Pedro Fernández del Castillo, Conde de Lemos, Marqués de Sarriá, etc., etc., el 19 de abril de 1616: «¡Adiós, gracias. Adiós, donaires. Adiós, regocijados amigos, que yo me voy muriendo y deseando veros pronto contentos en la otra vida!».

197

Conversaciones

En las páginas siguientes se transcribe la entrevista audio-
visual dirigida y filmada en París por el compositor y cineasta
francés Philippe Fénelon durante los días 23, 24 y 25 de marzo
y 7 de noviembre de 2005.

Las sesiones del rodaje, directamente en español, tuvieron
lugar en la gran estancia —salón, estudio, biblioteca— del pri-
mer piso de la casa ubicada en el número 9 de la Place del Gé-
néral Beuret, donde se escribió *Rayuela* y vivió Aurora Bernárdez
hasta su muerte. El documental se estrenó con el título *La vuel-
ta al día.*

Nunca me fue mal

PHILIPPE FÉNELON — Aunque nuestra charla no seguirá ninguna cronología, me gustaría empezar por el Buenos Aires de tu infancia.

AURORA BERNÁRDEZ — Los recuerdos de infancia no suelen ser muchos, pero sí muy sólidos, están allí plantados y no se olvidan. A partir de los seis o siete años viví en un barrio de Buenos Aires que se llama Almagro, ésa es la época que más recuerdo. La casa era un departamento de cuatro o cinco habitaciones y terraza. Almagro era un barrio correcto, sencillo sin ser pobre, pero tampoco burgués —lo que hoy llamamos un barrio burgués—. No, era un barrio moderadamente popular, donde había una preciosa plazoleta con grandes árboles, enormes árboles que se llaman tipas y que en la primavera sueltan unas vainas que planean en el aire. Era muy bonito verlas, y con eso jugábamos mucho, nos divertíamos muchísimo. Y otra de las plantas que había daba unas bolitas que, según la tradición —que respetábamos—, no había que metérselas en la boca, porque una mujer que había comido una había reventado como un globo. Entonces teníamos por eso un respeto. Pero las palomitas que planeaban en el aire nos daban mucha satisfacción. Y mis grandes juegos fueron en esa plazoleta en plena calle Independencia. Creo que la plazoleta ha desaparecido, igual que otras cosas.

Tengo recuerdos muy anteriores pero demasiado vagos como para contarlos, demasiado dudosos; ya no sé bien si soy yo la que recuerdo o si me lo han contado. Son recuerdos de Galicia, del tiempo en que mi familia vivió allí y donde yo aprendí a hablar en gallego antes que en español. De esos recuerdos tengo una o dos imágenes muy fuertes, pero ya no sé, no estoy segura de que no sean de mi madre, que me las ha transmitido. Lo que sí recuerdo es la calle Independencia y los juegos en la plazoleta, eso sí que es mío.

PHF — ¿Cómo era la relación con tu familia?

AB — Durante mi infancia realmente el único hermano que tuve era Mariano, que tiene dos años menos que yo. Mi hermana Teresa todavía no había nacido, le llevo once años. Pero de ese hermano siempre tengo el recuerdo de la necesidad de protegerlo, y esa necesidad creo que dura hasta hoy, cuando él tiene ya ochenta y tres años. Sigo teniendo esa misma sensación de que es alguien indefenso, de que es alguien injustamente acusado de haber hecho burradas, simplemente porque es más travieso que el otro. Siempre salí en su defensa. Ese recuerdo es importante para mí.

Mi hermano Francisco Luis era de la edad de mi madre, es decir que era como si fuera mi padre, en cierto modo. Era una figura simpática. Sólo aprendí a apreciarlo mucho más tarde, cuando ya tuve edad para entender cosas que no veía en mi infancia. Pero nunca fue mala la relación con mi familia, no. Creo que era una familia en que tanto mi padre como mi madre se ocupaban mucho de nosotros. Tengo la impresión de haber sido muy querida —cosa importante—, muy querida por mi padre y por mi madre, y por mis hermanos también. No tengo nada dramático que contar, nada terrible. Y si hubo algo terrible está muy escondido. ¿Para qué desenterrarlo?

PHF — ¿Y los amigos?

AB — Amigos, compañeros de clase, de escuela, los chicos del barrio, los amigos de mi hermano. Jugaba mucho con chicas pero mucho con chicos también, por lo cual las señoras del barrio decían, con una palabra que creo que ya no se usa, que yo era «varonera», que andaba con varones. Me refiero a la época en que teníamos entre ocho y diez años.

PHF — Empiezan los estudios y el descubrimiento de la lectura.

AB — Hice la escuela secundaria en un colegio de un barrio mejor, Caballito, un barrio burgués al que nos habíamos mudado. La escuela secundaria fue importante para mí porque tuve algunos profesores muy buenos. Profesores de lenguas, sobre todo de inglés y francés, y una excelente profesora de Castellano, que fue la que, en cierto modo, me inició en la lectura de la buena literatura, porque nos hacía leer, a los trece años, autores muy respetables y respetados de la literatura española e incluso argentina.

Por ejemplo, en esa época leí una novela de Pérez Galdós que se llamaba *Marianela,* y que me valió grandes elogios de parte de la profesora porque cuando tuvimos que escribir una composición sobre la lectura, me mostré muy sincera y dije que lo que más me había sorprendido en la novela es que la protagonista no era bonita. Porque para mí la protagonista de una novela naturalmente tenía que ser bonita, y ésta no, era una pobre chica que además si mal no recuerdo era ciega. Tendría que volver a leerla.

Y por supuesto leímos *Platero y yo*[1], con infinito deleite. Después, por mi cuenta, leí un libro que no sé si está muy bien visto, pero que me encantó. Era de un escritor argentino[2] y se llamaba *La gloria de Don Ramiro.* Era una evocación de la España morisca. Me entusiasmó ese libro,

---

[1] De Juan Ramón Jiménez.
[2] Enrique Larreta (1875-1961).

pero me parece que no tenía fama de ser un gran libro, no sé qué pensaría ahora. Tal vez no fuera tan malo como los eruditos de la época pensaban, tal vez fuera como yo pensaba: que era un libro muy muy bonito.

PHF — Al acabar la escuela secundaria, no sabías bien a qué ibas a dedicarte.

AB — Fui a la Universidad de Buenos Aires, estudié Filosofía. Decidí estudiar Filosofía porque pensé que, como era una gran lectora, no hacía falta que aprendiera literatura, pero que en cambio quizá sí me hacía falta ordenar un poco mis ideas, que nunca fueron demasiado claras —hoy tampoco—. No sé si acerté. Porque en ese momento había en Buenos Aires algunos excelentes profesores españoles de Lingüística. Y ahora pienso que me hubiera interesado muchísimo estudiar esa materia. En cambio, estudié Filosofía pero de un modo que no puede decirse que fuera como yo creo que debe enseñarse la filosofía —y como después vi que sí se hacía—: a partir de los textos. Nunca vi un texto de Kant o de Hegel o de Aristóteles. Nada. En realidad lo que estudiamos era Historia de la Filosofía. Pero bueno, aquí estoy.

Yo leía lo que era obligatorio para la carrera, pero seguía leyendo literatura, como lo había hecho desde siempre. Aprendí a leer sola, con los periódicos. Desde ese momento, es decir desde los cinco años, la lectura sigue siendo —no diría un entretenimiento, porque no sería justo— mi actividad favorita.

PHF — Descubres también el arte pictórico.

AB — El conocimiento que podíamos tener en Buenos Aires de la pintura, aparte de algunos buenos pintores argentinos, que naturalmente los hubo y los sigue habiendo, no era el conocimiento que te puede dar una ciudad europea, sobre todo París o Londres. Era mucho menos real el conocimiento de la pintura. Había libros, eso sí, muchos libros. Y uno de los grandes momentos de mi vida fue cuando una compañera de la escuela secundaria —teníamos en este momento quince o dieciséis años— que había hecho un viaje a Europa con sus padres trajo tarjetas postales. Me regaló dos o tres tarjetas. Yo me quedé maravillada. Una tarjeta reproducía una obra de un pintor francés, Henner, del que más tarde, alguna vez, he tenido alguna referencia, me pareció extraordinariamente sugestivo. Era un retrato. Lamento mucho no tener más esa tarjeta. Pero me hizo pensar mucho y como mi compañera trajo varias que distribuyó entre las amigas, yo las vi todas. Y desde entonces empecé a mirar más los libros de pintura.

PHF — ¿Tenías alguna idea de tu futuro?

AB — En la adolescencia mi plan era ir a España a estudiar con Menéndez Pidal, que había sido el profesor de esta profesora de español que fue muy importante para mí, que nos hizo leer buenos libros y que era especialista en un tema de filología o de lingüística. Ya no recuerdo bien cuál, creo que «la toponimia como disciplina filológica», algo por el estilo. A mí me gustaba tanto esa mujer, me parecía tan inteligente y con tanto carácter, una personalidad tan fuerte, que lo comenté en mi casa y mi padre dijo, con bastante lógica: «Bueno, como tenemos parientes en España, no habrá inconveniente en que cuando termines el liceo vayas a hacer la universidad en España». Pero estalla la Guerra Civil en 1936. Yo terminé el liceo en 1937. Era imposible en ese momento ir a España. Después vino la guerra de Europa. Y ese proyecto quedó totalmente en agua de borrajas.

La Guerra Civil fue una preocupación constante y no sólo en mi familia, sino para todos en la Argentina en general, quizá porque la mitad de la población es de origen español. Y era muy dramático, muy dramático para todos enterarnos de lo que estaba pasando en España. Creo que fue un *shock* más fuerte que la Segunda Guerra Mundial y el nazismo. La Guerra Civil fue muy dura de soportar.

Estábamos muy al corriente de lo que pasaba o queríamos estarlo según el bando en que te colocaras. Yo ya era bastante independiente, no porque tuviera ideas muy claras, ni de política ni de otra cosa, sino como reacción natural de un adolescente, sobre todo una chica, con respecto a lo que piensa su familia. Uno pone enseguida una distancia: si a ellos les conviene quizás a mí no. Una idea que tuve siempre muy clara. En realidad no sé si tenía razón.

PHF — ¿Por qué?

AB — Porque con el tiempo uno termina de no estar seguro de nada. Es de lo único que uno puede estar seguro: de que no está seguro de nada.

PHF — ¿Cuándo fue la primera vez que oíste el nombre de Cortázar?

AB — La primera vez no lo oí: lo leí, como corresponde a mi temperamento de lectora. Leí en una revista, una revista literaria[1], un cuento que se llamaba «Casa tomada», que después fue tan conocido. Me impresionó muchísimo, me pareció extraordinario. Me pregunté quién sería el autor, pensaba: «No es español, no escribe como un español». Percibía que era argentino, sí, pero de una manera muy peculiar, no se parecía a ningún argentino que yo hubiera leído antes, desde luego no a Borges, que era, sí, un escritor que yo ya había leído y al que apreciaba muchísimo.

---

[1] *Los Anales de Buenos Aires*, diciembre de 1946.

Y una amiga[1], compañera mía de estudios, me dijo cuando se lo comenté: «Ah, sí, yo lo conozco, voy a verlo la semana próxima». Me invitó a ir con ella y así fue como lo conocí. Y desde entonces empezamos a vernos, a frecuentarnos y terminamos como todos sabemos.

Ese primer encuentro fue en un café de Buenos Aires, en la calle Florida, un café tradicional de estilo inglés, con grandes sillones de cuero, donde se tomaban cócteles —era la bebida de la época—. Así fue como tomé mis primeros cócteles con Julio, en ese café tan simpático. Creo que ya no existe[2]. Era un café muy elegante, aunque estaba en la primera parte de Florida, la más popular digamos. Después de Corrientes y hasta la plaza San Martín la calle se volvía cada vez más elegante, y era una zona que yo frecuentaba porque la Facultad de Filosofía y Letras quedaba a una cuadra de la calle Florida, de esa parte buena de la calle. En ese lugar, en ese café nos conocimos, en el famoso Richmond de Florida. También nos veíamos en otro, en la esquina de la Avenida de Mayo, el London, que era también muy simpático. Pero éste era ya un café de hombres con su reservado para señoras, al que yo naturalmente no iba porque siempre iba con algún señor, sobre todo con Julio.

Pero, volviendo a ese primer día, entré y en una mesa vi a dos muchachos jóvenes: Julio, que desplegó toda su estatura para saludarme —yo digo que se desdoblaba como una cinta que se va abriendo, abriendo y no termina—, y un amigo de él que se llamaba Pérez Zelaschi, un buen escritor de la época. Tuve que mirar hacia arriba, muy alto, hasta encontrarle la cara a Julio, esa cara de muchacho que parecía mucho más joven de lo que era, como siempre ocurrió y siempre se dijo. De Inés Malinow quiero decir que en un momento dado, hace unos cuantos años, unos

---

[1] Inés Malinow (1922-2016).
[2] La confitería Richmond funcionó como tal entre 1917 y 2011.

207

quince, fue agregada cultural en la embajada argentina en Bélgica y tuvo la idea de hacer colocar una placa en la casa natal de Julio, una placa donde puso: «Julio Cortázar, enormísimo cronopio», como se refirió Julio a Satchmo en un artículo que escribió.

PHF — ¿De qué hablaron entonces?

AB — De literatura, ¿de qué íbamos a hablar? De literatura, de viajes, de gente conocida… Charlamos y seguimos en contacto. En un momento dado me propuso ser su socia en la agencia Havas de traducciones técnicas y documentos, trabajo que rechacé porque la idea de traducir contratos y patentes me era realmente ajena, consideraba que no estaba en condiciones. Ése fue el primer proyecto de trabajo conjunto, el primero y el único en realidad. Después cada uno siguió traduciendo por su lado.

PHF — Le dijiste que habías leído «Casa tomada».

AB — No, no recuerdo haberle dicho que había leído «Casa tomada». Una cosa que creo que siempre me ha ocurrido —y me sigue ocurriendo— con los escritores que conocí es que nunca les hablo de sus obras, nunca. No sé si está bien o no está bien, no me es natural. Es decir, los trato como personas, me caen bien o me caen menos bien, pero no se me ocurre hablarles de lo que han hecho. Después, con Julio, sí, por supuesto, le daba una opinión, pero más bien sobre lo que acababa de escribir que sobre lo ya terminado.

PHF — Pasa el tiempo, Julio está instalado en París. ¿Qué te decidió a emprender tú también este viaje?

AB — En realidad, una circunstancia bastante banal. El viaje a Europa era una de esas cosas con las que todos soñábamos, pero también algo bastante difícil dadas nuestras economías de estudiantes, sobre todo después de la guerra. Por ejemplo, la situación económica de mi familia había cambiado, era mucho menos próspera.

El sueño de todos era venir a Europa y sobre todo a París, París e Italia en general. París era la ciudad, Italia era el país. Pero, naturalmente, parecía una cosa irrealizable, por el precio del viaje y la estadía en Europa. Ocurrió que dos o tres meses antes de mi decisión, una compañera de estudios, una amiga mía que lo sigue siendo, acababa de casarse y decidió ir a Europa. Tenía tan poco dinero como yo, y eso me hizo pensar que si ella podía hacerlo quizá yo también. En ese momento yo era profesora de Lógica y de Psicología en una escuela nacional, una escuela nocturna de chicos que tenían prácticamente mi edad, experiencia muy simpática, por lo demás. En esa época hacía traducciones para la editorial Losada. Me puse a trabajar seriamente, junté un poco de dinero, me compré un pasaje y me vine a Europa con la idea de pasar las vacaciones.

PHF — Y te embarcas…

AB — Ese primer viaje en barco fue bastante divertido. Yo viajaba en rigurosa tercera clase, y compartía el camarote con dos chicas francesas: una que lloraba desesperadamente porque había dejado un amorcillo en Buenos Aires y la esperaba su marido, y la otra era una especie de *girl scout*. Eran muy simpáticas. Yo me comunicaba relativamente bien con ellas. Además viajaba una escultora argentina, una mujer que a mí me parecía muy mayor, en realidad debía de tener cuarenta años, no más, muy simpática, muy inteligente, muy desdichada. Era bastante fea y creo que eso la hacía sufrir mucho. Viajaba con un amigo, pero castamente, porque los dos eran homosexuales. Compartían el camarote y yo me divertí muchísimo con ellos. Él se quedó un tiempo en París, era abogado, un muchacho muy refinado, delicado. Ella también lo era, pero tenía un aspecto casi viril, diría yo, de hombre, pero no un hombre guapo. Eran gente encantadora. Él dibujaba muy bien, me hizo un retrato que desgraciadamente se perdió, no sé dónde fue a parar, creo que terminó en Saignon[1] y las cosas de Saignon no se sabe bien qué fue de ellas, sobre todo las referidas a mi persona. Pero el viaje fue muy agradable, muy agradable.

PHF — Y llegas a Francia.

AB — Al desembarcar estaba Julio esperándome, porque yo le había escrito para decirle que llegaba. Me instalé un mes, sí, un mes, en la Ciudad Universitaria. En ese momento eran las vacaciones de Navidad, y había habitaciones libres en el Pabellón Americano. Un mes de mucha nieve fue ése, a fines del 52.

PHF — ¿Cómo resultó el cambio de mundo de Argentina a Europa?

AB — Al principio fue difícil para mí. Cuando llegué a París me impresionó muchísimo la falta de luz, la falta de sol, la… no diré agresividad de los parisienses, no era eso, pero la falta de comunicación que probablemente dependía mucho de mí, de mi francés primario y de mi timidez también, tal vez del carácter parisiense, que no es excesivamente comunicativo. Recuerdo que cruzaba constantemente las calles en busca de sol. Yo me sentía en un mundo tan extraño, tan diferente —la nieve me gustaba pero la poca luz me hacía sufrir—, un mundo pobre además, si pensaba en el Buenos Aires que yo dejaba. Buenos Aires era una ciudad rica en ese momen-

---

[1] En Saignon, localidad de la Provenza francesa, tuvieron Julio Cortázar y Aurora Bernárdez una casa de campo.

to. París estaba viviendo las consecuencias de la guerra, como toda Europa.

PHF — Al cabo de poco tiempo se fueron a Italia.

AB — Con muy buen tino, Julio pensó que yo no conocía Italia —él ya había estado—, que seguramente me interesaba y que por qué no nos íbamos a vivir allí una temporadita, un año escaso. Teníamos trabajo que nos había encargado la Universidad de Puerto Rico: a Julio la traducción de las obras completas de Edgar Allan Poe, y a mí algunos artículos de la *Enciclopedia* francesa. Así nos fuimos a Roma, con nuestras máquinas de escribir y nuestros diccionarios. Y en Roma me sentí muy bien, me sentí como en Buenos Aires. Otra de las cosas que me hicieron añorar Buenos Aires eran mis amigos, yo tenía muy buenos amigos y los echaré siempre de menos, aunque ahora tengo otros muy buenos amigos en estas latitudes.

En parte por eso fuimos a Italia, para encontrar un ambiente en lo que a mí se refería más parecido a la Argentina, y por otro lado con todo el interés que podía tener para mí y para Julio un país como Italia. Es decir que en esa primera etapa estuve poco tiempo en París, estuve tres meses, después regresamos al cabo de nueve meses, yo ya con otra actitud. Me quedé, pero me quedé así, sin haberlo pensado previamente, porque ya estaba aquí y ¿por qué no? Ya había encontrado una manera de defenderme, estaba con Julio, naturalmente, no estaba sola. Así fue como al volver de Italia con unos cuantos dólares que habíamos ganado compramos el primer piso, el primer departamento, donde nos instalamos. Entonces fue cuando decidí que me quedaba en París, que no volvía, que por el momento no volvía, sin la idea de si me iba a quedar definitivamente o no, idea que nunca he tenido, ni siquiera hoy. Nunca he tenido la idea de que algo es definitivo.

PHF — Todo parece haber sido simple.

AB — Julio ya había trabajado en una conferencia de la Unesco antes de mi llegada pero de una manera casual y prácticamente lo había olvidado. Cuando volvimos de Italia se encontró con una carta del nuevo jefe de esa organización, que le pedía que fuera a verlo. Julio fue y le dijo que yo también era traductora. Yo tenía ya un currículum bastante importante y nos contrataron a los dos. A partir de ese momento pudimos hacer eso: en parte trabajar, en parte viajar. Viajar, que para los dos era muy interesante, muy importante. Fue una época realmente muy buena de nuestra vida, de la de ambos. Ahora viajar me interesa menos, yo creo que también a Julio al final de su vida le pasó lo mismo.

PHF — Tenían una gran libertad de acción.

AB — Comparando con las posibilidades económicas de un habitante de París las nuestras eran particularmente favorables, porque los dos podíamos trabajar, ganando dos buenos sueldos. Podíamos permitirnos el lujo de trabajar la mitad del tiempo que la mayoría de nuestros compañeros. Eso nos dejaba tiempo libre, que era muy importante para Julio; también para mí, pero para Julio era fundamental saber que disponía de tiempo, no solamente para viajar, para trabajar, para escribir.

Y empecé a entender el mundo en el que estaba metida, que no era en absoluto desagradable. Nunca me fue mal, debo decir, no sólo desde el punto de vista material, porque tuve trabajo, como Julio, sino porque empecé a entender el comportamiento de la gente, ya los veía de otra manera. Creo que eso decidió que me quedara y no se me ocurrió ya que podía volver. Al cabo de un año ya no pensé en eso en que tantos siguen pensando, durante años: volver a Ítaca. No, dejé de pensarlo. Fui siempre, y sigo siempre siendo, extranjera, pero ya soy extranjera en cualquier parte y no es doloroso ni penoso para mí. Quizá coincide más con mi carácter ser extranjera en todas partes que pertenecer a alguna muy fuerte y decididamente, eso que llaman «tener raíces». Tal vez las tenga, pero no me aferro a ellas, no siento raíces ya.

PHF — ¿Cuál ha sido tu Ítaca?

AB — París. París ha llegado a ser mi Ítaca, es al lugar donde vuelvo siempre, feliz. París me recibe bien, yo no soy parisiense pero París me recibe muy bien. No puedo quejarme, al contrario. Encontré un mundo que me va mejor que los otros que he conocido, que no son muchos. Me siento cómoda. Inclusive el carácter de los parisienses, no digo de los franceses, ya no me hace sentir incómoda. Son como son y no son peores que los demás, aunque parezcan más duros, más secos, más protestones como diríamos en Buenos Aires, tan protestones todo el tiempo. Tal vez me acostumbré, pero no me resulta ya ni ajeno ni incómodo… No quiere decir que yo me haya afrancesado, en el sentido bueno y malo de la palabra, no. Creo que sigo siendo más o menos como era, ellos también, pero nos entendemos bien.

PHF — ¿Julio contaba cosas de su infancia?

AB — Julio contaba, sí, algunas cosas de su infancia, pero sobre todo las escribió, lo cual es más interesante, porque quizá sus textos revelan más la verdad de su infancia que lo que pudiera contar, aunque Julio se comunicaba muy bien oralmente, con todo el mundo. Tenía un gran don de comunicación. Pero sí, hablaba de su infancia, de su abuela, de su familia, de su madre. La abuela era argentina, pero de familia alemana. Se llamaban Gabel. La madre de Julio era en parte alemana, por su madre, y en parte francesa, por su padre.

213

PHF — Orígenes múltiples.

AB — Una cosa muy natural en Buenos Aires, en la Argentina. Es tan normal ser hijo de italiano, de francés, de judío polaco, de judío ruso, de español, por supuesto. Es curioso, la palabra extranjero era positiva en Buenos Aires cuando yo era chica, «es un extranjero» quería decir alguien mejor, que venía de un mundo... de un mundo un poco mítico, que era Europa en general. No era algo negativo, creo que no lo es tampoco hoy; en ese sentido me parece, quiero creerlo, que nunca ha habido xenofobia en la Argentina, quizá por conciencia del origen tan mezclado de su gente.

PHF — ¿Te habló Julio alguna vez de la ausencia de su padre?

AB — Muy lacónico en ese sentido era Julio. De ciertas cosas muy privadas no hablaba, por lo tanto yo tampoco puedo hablar de ellas, aunque sepa lo que sé, que no es mucho, pero prefiero respetar su voluntad de reserva en ese terreno. Habla de eso en sus libros, lo alude de alguna manera. Pero nunca —tampoco en las cartas, por ejemplo, que son directamente su autobiografía— habla de su vida privada, incluso en momentos bastante dramáticos, llamémoslos así. No diré que los pasa por alto, pero no entra en detalles ni en comentarios, ni de su propia vida ni de la vida ajena. Era sumamente reservado. Tampoco le interesaba mucho la vida privada de los demás.

PHF — En esa época lejana hubo muchos movimientos que creaban cierta dispersión y cambios...

AB — Bueno, el caso de Julio es semejante al mío en ese plano y en esa época de la vida. Mi familia, o sea, mi padre, mi madre y yo —yo era muy pequeña—, decidió trasladarse a España porque mi padre, que nunca fue muy dotado para los negocios pero se empeñaba en hacerlos, se encontró en una situación difícil y encontró que en España había alguna posibilidad de arreglo económico, en fin, como resultó ser. De modo que me llevaron a España y yo, como dije, aprendí a hablar en gallego antes que en español. Como Julio aprendió a hablar en francés antes que en español porque vivía en Bélgica. Para mí, y supongo que para Julio, dada la falta de elementos para pensar lo contrario, ese cambio no fue dramático, quizá porque para uno, en esa época de la vida, si la familia funciona bien significa verdaderamente una protección muy grande. En familias como la mía y como también fue la de Julio en cierto plano, había mucha gente, pero toda gente que se entendía, que se quería mucho, que se veía, una familia sin demasiados conflictos. Los conflictos aparecieron después en cierta parte de mi familia, como en cierto sector de la familia de Julio, pero no en ese breve período de la infancia, que puede marcar mucho. Yo no recuerdo los cambios como una cosa negativa.

Siempre me sentí protegida. En mi infancia no sabía lo que era eso, pero ahora sí puedo darme cuenta de que me sentí protegida, por mi madre, por mi padre, por mis tías. Porque yo siempre era la más pequeña, junto con mi hermano. Y yo pienso que Julio, gracias sobre todo a su madre y a su abuela, se sintió también protegido, a pesar de la desaparición de su padre en un momento de la vida en que puede ser muy traumático. Pero hasta ese momento no parece haber sufrido, por lo menos no hay elementos para pensarlo. En sus escritos aparece un chico de ocho o nueve o diez años, que vive en Banfield en una casa con jardín, con una abuela que se ocupa mucho de él, con una familia… A pesar de la falta del padre no se siente una ausencia en los cuentos, no se habla de eso, quizá porque era algo demasiado serio. ¿Cómo decir lo que el autor no dijo? Pero si lo miro a la luz de mi primera infancia, pienso que en la medida en que un chico se siente protegido por su familia está a salvo de muchas cosas dramáticas.

PHF — ¿Cómo se organizaba el trabajo?

AB — En la Unesco hacíamos horario de oficina, eso era inevitable y por eso un poco pesado, pero de todas maneras era una forma muy conveniente de ganarnos la vida y de disponer de tiempo. Julio escribía como escribía, no de una manera sistemática o metódica. No era el escritor que se sienta todos los días a su mesa de trabajo desde las nueve de la mañana hasta mediodía. No, no, más bien dependía de tener alguna idea que le interesaba, de haberlo pensado, de sus notas, notas que tomaba en todas partes, incluso en la Unesco mientras trabajaba. Se le ocurría algo y lo anotaba, anotaba mucho, muchas cosas, temas o situaciones o personajes, en fin, referencias a su obra futura, que después le servían o no. Pero de repente tenía en la cabeza una historia, un cuento o una idea para una novela y en ese momento sí se instalaba y trabajaba intensamente en su idea. Pero era una manera, ya digo, no sistemática de trabajar.

PHF — ¿Te hablaba Julio de lo que estaba haciendo? ¿Hacías observaciones a lo que escribía? ¿Le dabas ideas?

AB — No, ideas no, faltaría más. Las ideas las tenía él, las pensaba mucho y en general corregía poco. Las escribía sin contarme. Nunca contaba Julio lo que hacía. No lo contaba quizá por algo supersticioso que creo que tienen todos los creadores, que es no hablar demasiado antes de hacer. Por eso en general no mostraba los borradores. Cuando mostraba algo era porque lo consideraba ya, si no definitivo, por lo menos básicamente inmodificable.

De modo que él, cuando tenía alguna idea, decía: «Tengo una idea, estoy pensando en algo, un día de éstos voy a ver si me siento y lo escribo». Y llegado ese momento escribía mucho. Terminaba y estaba encantado de poder decir: «Ya está, ya lo resolví». Y entonces me daba a leer lo que había escrito. Así leí todo lo que escribió en esos años, que fue mucho. Lo iba leyendo a medida que Julio lo iba escribiendo. En general siempre he sido su primera lectora. A veces le hacía algún comentario o alguna observación que a mí me parecía que podía ser útil y a él, a veces sí, a veces no —es decir que podía recibir el comentario como una cosa que le interesaba y que podía ayudarlo a resolver ciertos problemas o sencillamente le parecía que no, que no tenía sentido—. O le objetaba algunas palabras, por ejemplo galicismos de los que le quedaban después de la revisión, porque cometía muchos galicismos, como todos nosotros los argentinos. Bueno, me hacía caso, perdón por la expresión. Se daba cuenta de que yo tenía razón, y corregía. Pero mi opinión nunca fue decisiva, como es lógico en el caso de alguien que tenía todo muy pensado antes de hacerlo. No balbuceaba Julio. Cuando escribía ya tenía una idea bastante clara, salvo con *Rayuela,* que era un experimento para él y que le llevó años de trabajo, de una manera no continua, hasta conseguir él mismo tener una idea de lo que quería hacer. Le llevó tiempo. Le llevó tiempo concretar esa idea. En ese caso sí el trabajo fue de búsqueda. Pero en los cuentos, en general, la búsqueda existió, naturalmente, pero no se manifestaba en forma de sucesivos borradores, sino ya como textos muy pensados y prácticamente definitivos. Cuando él los consideraba terminados, me los daba a leer. Me parecían excelentes. Debo decir que siempre me pareció un extraordinario escritor. A veces le señalaba algún detalle. Por ejemplo en un cuento, pero ya no de los primeros, me pareció que el final no tenía que ser así, que tenía que haber sido de otra manera, por el carácter del personaje, pero en fin, no me hizo caso: lo dejó como él lo había pensado, y seguramente tenía razón. Pero quiero decir que mis observaciones eran un poco puntuales, no implicaban rehacer un texto, no, en absoluto, porque estaban prácticamente terminados cuando yo los leía. No había casi nada que decir.

PHF — ¿Cuál era su lugar de trabajo?

AB — Esta habitación de al lado era su escritorio. Allí escribió muchísimos cuentos y también *Rayuela*. Escribía, en general, en esa habitación[1]. Pero, ya digo, tomaba notas incluso en la Unesco, o durante un viaje, breves notas, o apuntaba un argumento. Hay libretas, que están en Princeton, donde se ve ese trabajo de anotación. Y después, sí, cuando se trata de *Rayuela,* claro, como el trabajo es un trabajo de largo aliento, pues son muchas páginas, muchos personajes, entonces hay muchísimo más material de preparación del libro. El famoso *Cuaderno de bitácora* lo publicó Anita Barrenechea, una gran hispanista argentina a quien Julio le dio su borrador, su plan de trabajo. Pero no sucedía así con los cuentos. Quizá porque son más cortos, más simples, pues se le daban casi como un poema, en el sentido de una totalidad que se presenta de una vez, que no está hecha de observaciones, de detalles, sino que se ve como conjunto de entrada, en coincidencia con lo que él consideraba que era un cuento.

PHF — Y tú, a pesar del trabajo en la Unesco, seguías traduciendo.

AB — Traduje muchísimo. Traduje tantos libros que ya ni me acuerdo. Muchas veces me dicen: «¡Pero ésa es una traducción tuya!», y tengo que hacer un esfuerzo para re-

---

[1] Aunque la mesa sobre la que escribió Cortázar fue sustituida algún tiempo después de la separación.

cordarlo. Hace poco alguien me hizo notar que un cuento de Faulkner que Julio admiraba mucho, «Todos los aviadores muertos», lo había traducido yo. Me había olvidado. Es fantástico, ¿no?, porque además no fue un libro fácil. Pero traduje a Camus, a Nabokov, a Sartre... Traduje a Roger Martin du Gard, fue la primera traducción que hice. Me tomaron un examen en la editorial Losada. Los directores literarios me hicieron traducir un párrafo de prosa y un diálogo, para ver si estaba en condiciones. Yo era muy joven en esa época. Y, bueno, afortunadamente pasé bien el examen y de ahí en más ya fui traductora. Y también traduje del inglés. Posteriormente me pasé al italiano, con Calvino sobre todo, que fue de las últimas cosas que he traducido.

Traduje muchos libros, y libros que pude elegir, libros que me interesaban de verdad. Con todo, debo haber metido la pata muchas veces, creo que es inevitable, y pido perdón a los autores. No fue mala voluntad, quizás atrevimiento de mi parte. Pero a veces estuve inspirada, eso lo he podido comprobar revisando viejas traducciones: por un lado errores y por otro lado creo que algunas cosas no estaban mal.

PHF — Una traducción mítica fue la de *El cuarteto de Alejandría.*

AB — Ah sí, sí, obra que no terminé de traducir. El último tomo lo hizo una excelente traductora[1] que en este momento tiene muchos años, más que yo, que ya tengo unos cuantos. Ella fue la que terminó *El cuarteto.* A mí el último tomo ya no me interesó tanto. Pero es un libro que todo el mundo recuerda con muchísimo interés.

Creo que he traducido cosas más interesantes que *El cuarteto de Alejandría, La náusea*[2] por ejemplo, que me

---

[1] Matilde Horne (1914-2008).
[2] De Jean-Paul Sartre.

hizo una impresión extraordinaria. No sé qué pasaría si lo leyera hoy… Lo último que traduje fue un libro inédito de Camus[1], obra póstuma. Me gustó mucho ese libro.

PHF — También participaste en la traducción de los cuentos de Poe.

AB — Ayudé a Julio, digamos, porque eran muchas páginas que traducir. Traduje algún cuento, leía sus traducciones. Él también leía las mías, colaboramos un poco, pero la masa de trabajo la hizo Julio, desde luego, una enorme masa de trabajo. Tenía gran capacidad de trabajo Julio, era capaz de pasarse horas y horas traduciendo.

PHF — Julio había trabajado antes con un distribuidor de libros, ¿no?

AB — Eso fue antes de empezar en la Unesco. También había trabajado en los informativos radiales en español, donde lo detestaban por su acento, pues pronunciaba las erres muy a la francesa, y no por afrancesamiento sino por un defecto de fonética. Su hermana, que no sabía ni una palabra de francés, decía *feggocaggil* y *guitagga*. No podía decir «guitarra» como lo digo yo.

PHF — ¿Cómo fue que compraron su primer piso en París?

AB — Tuvimos esa buena idea. En realidad una de las cosas que a mí me hacían añorar más Buenos Aires era la casa. No porque yo hubiera vivido en casas particularmente esplendorosas, no; yo pertenecía a una familia modesta, corriente. No éramos personas ricas y rumbosas, pero cada uno tenía su dormitorio. Yo estaba acostumbra-

---

[1] *El primer hombre.*

da a tener una habitación para dormir y una habitación para comer y un cuarto de baño. Todas las cosas que en ese momento en París no eran tan frecuentes. Entonces me di cuenta de que era muy importante para mí tener un lugar para estar que no fuera una habitación con un baño compartido por vecinos. Para Julio quizá no hubiera sido tan importante, era mucho más austero que yo, y teniendo un lugar para leer con una buena lámpara y donde escuchar música, lo demás… Era capaz de comer cualquier cosa en cualquier lugar. Para mí no, para mí era más importante, pero tampoco tenía grandes pretensiones. Visto hoy, me parece totalmente normal lo que quería. Entonces, en función de eso, calculamos que el pago de mis traducciones podía rendir para ir viviendo en Italia y el pago de toda la obra completa de Poe, con prólogo y notas, permitía comprar un piso, un departamentito, en París. Eran 3.000 dólares. Los tiempos han cambiado y el valor de la moneda también.

Compramos en el *septième arrondissement,* no sabíamos que era un *quartier chic,* simplemente era un lugar desde el cual se podía ir a trabajar a la Unesco andando, cosa muy importante. A los dos nos parecía esencial no tener que tomar el metro ni ningún vehículo para ir a cumplir con la ya pesada tarea de las ocho horas de oficina, sumándole una hora de viaje en servicios públicos. Entonces encontramos en la rue Pierre Leroux —que es paralela a la rue Vaneau, de gran prestigio literario[1]— un departamentito de dos habitaciones, cocina y water, en un cuarto piso sin ascensor. Arreglamos ese piso, hicimos una ducha en la cocina y allí vivimos agradablemente durante cinco años, pero ya como personas que tenían una habitación de estar, una habitación para dormir, un lugar para poner unos cuantos libros, una ducha, una cocinita, en fin, lo indispensable. Y fue gracias a esa traducción, muy bien empleada.

---

[1] André Gide había vivido en el 1 bis de la rue Vaneau.

PHF — ¿Quiénes eran sus amigos en esa época?

AB — Eran argentinos prácticamente todos. Estaban Damián Bayón, Carlos Courau, Angelina Valasek, una arquitecta que fue la que arregló nuestro primer departamento y luego esta casa, a la que nos trasladamos en el año 60. Angelina estaba casada con un violinista que llegó a ser bastante conocido, Erno Valasek, encantadora persona. Éramos un pequeño grupo de amigos. Hasta que entra en nuestra vida, puedo decir también en la mía, por la amistad que llegamos a tener con ella, la traductora de Julio, Laure Bataillon, enviada por Roger Caillois. Caillois ya había recurrido a la ayuda de Julio para traducir un texto de Borges. Después, como la conocía, cuando Laure tuvo que traducir un texto de Julio la mandó a casa y así nos conocimos y nos hicimos muy muy amigos, hasta la prematura muerte de Laure. Debo decir que para mí fue muy importante, porque establecí una relación personal casi familiar con Laure Bataillon. Con decirte que gracias a ella empecé a aprender a cocinar, porque yo era desastrosa en materia de cocina y un día que comí en su casa me di cuenta de que con el mismo trabajo con que yo hacía las cosas mal ella las hacía bien. Me fue también muy útil en ese sentido, siempre me acordaré de ella y de su marido, que es un excelente traductor también, Philippe Bataillon, hijo del gran Bataillon, el hispanista. Todos ellos fueron nuestros primeros amigos.

PHF — Hablemos de los viajes a la India.

AB — Hicimos dos viajes a la India. En el 56, un primer viaje con la Unesco, que había organizado una conferencia sobre alfabetización, donde debíamos trabajar. Fue un viaje muy interesante, porque era la primera vez que llegábamos a un mundo tan diferente del que conocíamos ya más o menos bien, el mundo europeo. Fue un viaje, digamos, de turismo no convencional, pero aun así meramente turístico, no conocíamos absolutamente a nadie. Decidimos que al terminar la conferencia, que duraba aproximadamente cuatro semanas, nos dedicaríamos a viajar un poco por ese país misterioso, gastándonos lo que habíamos ganado trabajando.

Fue una experiencia muy interesante, para mí quizá más chocante en cierto modo que para Julio, pero a los dos nos impresionó mucho la presencia de la muerte. Ya el viaje en tren para ir de Nueva Delhi a Benarés fue, no sé cómo definirlo, no sólo inquietante: perturbaba todas nuestras ideas —las mías probablemente más que las de Julio, que debía de tener más amplitud de criterio que yo—, y nos descolocaba. Salíamos a otro mundo, un mundo muy distinto. La impresión fue mucho más fuerte que la que se podía tener en Nueva Delhi, donde estábamos en una gran conferencia, en un barrio moderno, en un hotel también muy moderno del que nos mudamos después, con muy buen criterio, a otro que estaba en el límite de la ciudad nueva y la ciudad vieja y que nos permitía ver cómo funcionaba esa ciudad, la vida real de esa población, no como el hotel nuestro lleno de franceses, de americanos, en fin, un hotel internacional. Eso ya fue una experiencia interesante.

Mirar desde la ventana ese mundo donde había una bomba de agua en la que la gente se lavaba y se bañaba vestida era realmente extraordinario. Después, como te decía, cuando nos fuimos a Benarés, en ese tren donde había ratas —debo decirlo: había ratas— y había que viajar —yo por lo menos, porque me daban horror— con las piernas recogidas, subidas al asiento, y luego la llegada a las estaciones con sus vendedores de agua, todo era tan extraordinario, tan diferente, tan inquietante, tan incomprensible. Y llegamos a Benarés. Si has estado en Benarés sabrás que la presencia de la muerte es tremenda, no solamente las cremaciones, los desfiles fúnebres con los cuerpos, ese río, el Ganges, con la gente bañándose y las piras ardiendo en las orillas. Todas esas cosas que después hemos visto mucho en el cine. Quizás hoy no produzcan ese efecto, pero en esa época no había todavía un turismo organizado en la India, no teníamos demasiada idea de lo que era. Fue muy impresionante. Y ahí fue que yo le dije a Julio, cosa que él también manifestó: «Cuando me muera quiero que me entierren». Como si eso no fuera morirse, como si enterrándote no estuvieras tan muerto como si te quemaran, una cosa muy muy fuerte. A mí me llegó a obsesionar mucho tiempo esa presencia de la muerte, y creo que a Julio también. Quizá fue lo más importante de ese viaje, más que la parte, digamos, estética, los monumentos que vimos, muchas cosas muy hermosas, muy diferentes. Esa falta de espacios internos en los templos a mí me sorprendió mucho. Son pura apariencia, cada templo es como una enorme escultura que uno ve desde fuera, no tiene la impresión de entrar en un templo, como en una iglesia cristiana o en un templo budista. Es muy extraño todo ese mundo, sigo sin entenderlo.

El segundo viaje lo hicimos estando Octavio Paz como embajador de México en la India y nos alojamos en su casa, entonces la experiencia fue muy distinta, naturalmente. Él era un gran conocedor de la cultura india. Vivió años allí y la estudió verdaderamente. Las conversaciones y los viajes que hicimos con él por la India, unos pocos, fueron muy importantes. Por ejemplo, fuimos a un *ashram* donde había una maestra, era realmente insólito para nuestros ojos y a la vez tan interesante. Ese mundo, esa forma de vivir, esa idea de la vida tan diferente de la nuestra, no sé si mejor pero otra...

PHF — Las gentes y las formas de vivir son muy distintas.

AB — El contacto con las gentes es muy relativo pero al mismo tiempo existe. A mí me parecía en general positivo y simpático, incluso con los nativos —llamémosles así, con esa palabra que detesto, pero bueno, no encuentro otra—, que eran las gentes de servicio: el mayordomo, el jardinero, los criados que nos servían. Estaban más próximos a nosotros. Nosotros nos sentíamos más cerca de ellos y ellos también. Y luego, claro, la presencia esclarecida de Octavio Paz fue muy útil.

PHF — ¿De qué hablaron Julio y Octavio?

AB — De literatura, naturalmente. ¿De qué iban a hablar? Pero de política también, un poco. Porque, en fin, como se vio más tarde, las ideas políticas de uno y de otro fueron muy distintas. Pero las conversaciones a las que asistí me fascinaron. Para mí fue extraordinario, realmente, oírlos hablar a Julio y Octavio en la casa. Fue una de las experiencias más importantes que he tenido.

PHF — A raíz de este segundo viaje nace *Prosa del observatorio*.

AB — Sí, hay algunas referencias al viaje y a este libro en las *Cartas*. Se publicó como libro de fotografías con textos de Cortázar. Fue inspirado por el observatorio de Jai Singh, uno de los observatorios astronómicos de la India, que es una verdadera maravilla como construcción. Uno podría incluirlo en el mundo de la arquitectura fantástica. Conjuntos de escaleras que no llevan a ninguna parte, o que uno tiene la impresión de que no llevan a ninguna parte, de arcos que dan a una pared o al vacío… El recuerdo más fuerte que tengo de ese viaje fue el observatorio, y creo que para Julio también fue así, porque lo inspiró.

Prosa del observatorio nace de la visión de los maravillosos edificios que hizo construir el Sultán para observar las estrellas combinado con el viaje anual de las anguilas para desovar. Repite unas leyes que coinciden en el espíritu de Julio con las leyes que gobiernan el universo, con los astros, todo configura un orden. Es un libro extraordinario, no sólo la idea, esta especie de armonía de fondo, este orden que se refleja en los observatorios desde el punto de vista plástico y científico y el movimiento de las anguilas que dan esa enorme vuelta. La idea del plan y del orden. Eso es lo que es importante, me parece a mí, aparte de que como prosa es formidable.

PHF — En el observatorio hay que subir inmensas escaleras.

AB — Sí, que yo subí personalmente.

PHF — Hay escaleras para subir y otras...

AB — ... para bajar, como sabes. Te cuento la anécdota de cómo nació la idea de esas «Instrucciones...». Un día, en Roma, entramos en la Villa Medici, ese palacio extraordinario, del pleno Renacimiento, lleno de elegancia, de fasto, en fin, una maravilla. Y vemos una escalera con una forma elegantísima. Yo le dije a Julio: «Pero esta escalera no es para subir: es para bajar». Me miró y me dijo: «Ah, nunca lo hubiera pensado». Y escribió «Instrucciones para subir una escalera». En alguna parte cuenta la historia, pero creo que no dice que fui yo la que dije: «Pero esta escalera no es para subir». Tuve la clara visión de personas bajando elegantemente como los nobles que eran, claro, por esas maravillosas escaleras. No se me ocurría que eran un elemento banal que servía para subir al piso alto o bajar del piso alto, no, eran propias de reyes, de príncipes. Fue un momento muy divertido, y las «Instrucciones para subir una escalera» debo decir que son irresistiblemente cómicas.

PHF — Hablando de la realeza, ¿te habló Julio de *Los reyes*?

AB — Era un texto anterior que había considerado siempre como una forma de literatura neoclásica, digamos, por el tema, por el tono de poema dramático, sí, un tipo de literatura que podríamos definirla como clásica por comparación con el resto de la obra. Pero descubrió que su preocupación había sido siempre la misma, desde esas primeras obras. Siempre buscó y siempre le preocupó la libertad, la libertad del poeta frente al poder, que es el tema de *Los reyes*. Y es curioso que descubrió él mismo que lo que siempre había querido decir era eso, por lo que luchó siempre fue eso, por la libertad, por la justicia.

PHF — Hace un rato hablábamos de orden. Parece que Julio era un escritor muy ordenado.

AB — No era ordenado en el sentido común, digamos, convencional, de la palabra orden, pero sí era un hombre ordenado. Cortázar era mentalmente ordenado y concretamente, materialmente, también. Era muy ordenado con sus papeles, con su ropa, no tenía nada de bohemio en su manera de vivir, absolutamente nada. Era muy formal, cumplía con los horarios y era muy bien educado, cosas que no parecen compatibles con el supuesto desorden creador. Pero además se pasó la vida buscando un orden. Yo creo que en toda su obra está esa búsqueda. El juego también es una forma de orden, porque no hay un juego sin reglas. Lo que rechaza Cortázar son las reglas convencionales, en ese sentido está en contra de lo que él llamaba —generalizando, con una palabra que ya casi no se puede usar— el orden burgués. Pero creía en un orden, sí, y justamente en la historia de las anguilas mezclada con los observatorios astronómicos está la idea de que la misma ley que rige los astros quizá rija no sólo la marcha de esos animales sino también la vida del hombre. Y la estética es una forma de orden también, ¿no? Se aprecia la idea de una especie de gran geómetra que lo ha pensado todo. Creo que eso es muy fuerte en la obra de Cortázar.

PHF — Otro tema de los cuentos de Julio es el doble.

AB — En una ocasión, por obra de un medicamento —ya no recuerdo qué había tomado—, tuvo la sensación de estar a su lado: él y a su lado él. Una sensación angustiosa. En la calle la tuvo. Me lo contó cuando volvió. Creo que era un remedio para las migrañas, porque sabes que Julio sufría mucho de migrañas en esa época. Toda su vida las padeció, salvo los últimos años, cuando encontraron una droga que le hacía bien. Pero en ese momento alguno de esos medicamentos, un psicotrópico tal vez, tuvo ese efecto tan extraño que lo inquietó muchísimo: verse a su lado, andando con él. Fue la única vez, que yo sepa, que tuvo esa experiencia y, curiosamente, no la asoció en ese momento, que yo recuerde, con un tratamiento literario de la idea del doble, o con sus preferencias narrativas, porque entre los cuentos que Julio prefería hay más de uno cuyo tema es el doble. Es decir que seguramente era un tema que le preocupaba. Era una de sus búsquedas, quizás: ese otro que habitaba en él de alguna manera, que de algún modo debía manifestarse. ¿Pero quién no tiene esa experiencia? De ser otro. De ser uno y ser otro. Es interesante la manera en que se expresa en una obra, si no es un sentimiento. Basta con tener un poco de imaginación para que aparezca la idea del otro, del otro que habita en uno.

PHF — Esas presencias: los otros.

AB — En ese terreno, creo que Cortázar no era perspicaz en el conocimiento de la gente. No le importaba mucho cómo fueras íntimamente, no, eso pertenecía a una esfera muy privada de la que él no se ocupaba, no le interesaba. Pero sí la idea de que cada uno tenía otro al lado, la idea del famoso paredro, esa palabra que él usó bastante y que designa a la figura que acompaña, ¿no? Que acompaña a un dios, si no me equivoco —eso tendría que verificarlo en el diccionario o en la enciclopedia, es la figura que acompaña al dios—, que es un poco él mismo. De eso Julio tenía mucha conciencia, era una idea que le importaba mucho: la idea de que uno es uno y es otro, idea que tiene una historia copiosa e interesantísima, francesa y portuguesa sobre todo.

Yo siempre he tenido la sensación de que no soy yo, eso te lo puedo decir, pero no sé quién soy. No sé si es una experiencia común, pero no creo que sea esquizofrénica por eso, absolutamente, ni siquiera demasiado neurótica, pero sí, la idea de que yo no soy yo también la tengo.

PHF — ¿Querías ser otra persona?

AB — No, no se trata de ser otra persona. Quizá sea descubrir qué es lo que soy, porque esto que veo no me parece convincente. Quizá lo que quiero… Lo que quisiera es ver qué soy, si es que algo soy, si es que soy, qué soy… pero no porque, naturalmente, uno hubiera querido ser, qué sé yo, bella como Greta Garbo, genial como Madame Curie, extraordinaria poeta como Safo. Uno puede tener muchos ideales en la vida. He mencionado sólo a mujeres para no confundir los planos, o géneros como dicen los americanos, para no confundir los géneros, pero no es eso, no, es otra cosa.

PHF — ¿Cuál era tu ideal?

AB — Mi ideal… ¿En qué sentido? No sé, no sé. Ideal… A lo mejor no tengo ideales. Primero quisiera saber qué quieres decir con ideal. ¿Es lo que yo quisiera haber sido o quisiera ser? ¿Eso es el ideal? Si es eso te puedo decir que cuando tenía siete años, y ya me gustaba tanto el cine como ahora, quería ser actriz de cine, como la mayoría, creo yo, de las niñas de mi edad de esa época e incluso mayorcitas. Después, cuando leí en *Billiken*[1] las aventuras de un egiptólogo, mi ideal era ser egiptóloga y hacer exploraciones en templos. Me imaginaba Egipto, lleno de templos, con estanques enormes repletos de cocodrilos, todo eso me despertaba un interés enorme. Ése fue el segundo ideal que debo haber tenido, alrededor de los diez años. Pero después vi un film de una exploradora americana, o inglesa, no recuerdo, una anglosajona que se llamaba Osa Johnson. Esta Osa Johnson —que seguramente por razones generacionales nunca conociste— andaba por África. No era cazadora, era exploradora, yo me entusiasmé, mi ideal era ser exploradora como Osa Johnson. Después conocí a mi profesora de Castellano y entonces quise ser filóloga. Y después se acabó, no tuve más ideales. En vista de que no había llegado a ser actriz de cine, como Greta Garbo o Marlene o alguna de esas maravillas, ni egiptóloga, ni exploradora en África, ni siquiera modesta filóloga, cosa mucho más posible, bueno, me resigné a no tener ideales, y a conformarme con lo que modestamente soy, sin saber muy bien qué soy.

Yo creo que Julio tampoco tenía un ideal. Quería seguir escribiendo y supongo que esperaba llegar a escribir *su* libro. No sé si consideró que había llegado a escribirlo porque, de haber tenido un poco más de suerte y mejor salud, le quedaban todavía muchos años de trabajo. Calcula: todavía no tenía setenta años cuando murió. Así que hubiera podido vivir, como su madre, como su abuela, veinte años más, y quizás hubiera escrito el libro ideal.

---

[1] Revista argentina semanal para niños muy popular cuyo primer número apareció en 1919.

Pero no sé cuál sería su libro ideal. Probablemente haya pasado, como todo el mundo, por distintos ideales según la edad de la vida y las posibilidades.

PHF — Siguiendo con los temas de sus libros, uno es París.

AB — La ciudad: *su* ciudad. No implicaba eso desechar las muchas otras ciudades que conoció y que le gustaron, incluida Buenos Aires, pero París fue desde el principio su ciudad. Para mí ha sido al final *mi* ciudad, no desde el principio, pero ha llegado a ser mi ciudad. Entre Julio y París siempre hubo una gran afinidad, además no olvidemos que había leído mucha literatura francesa, lecturas que fueron muy importantes para él, y eso acerca mucho a un país y a una ciudad.

PHF — En *62 Modelo para armar* habla de la ciudad.

AB — Esa ciudad era, seguramente, desde el punto de vista material, un poco una síntesis de todas las ciudades que él había visto. Al mismo tiempo era una ciudad diferente, porque allí por ejemplo los ascensores no se movían de arriba para abajo sino en forma horizontal. Podía haber sido otra cosa. Es decir, todas esas posibilidades de la realidad yo creo que Julio las veía mirando la realidad que miramos todos. Y veía otras posibilidades. No daba por sentado que las cosas tenían que ser así. Podían ser de otra manera. Es curioso, porque esa idea de la ciudad la tuvo hasta el fin de sus días, no solamente expresada en lo que escribía sino en lo que vivía.

PHF — Un cierto mimetismo.

AB — Yo creo que una parte de sus cuentos, sobre todo, reflejan —las novelas también— una forma de vida. Por ejemplo, cuentos como «Final de juego» o «Los venenos» son en cierto modo testimonios de su infancia: los jardines, las hormigas, las plantas, las modestas plantaciones de tomates y lechugas de su abuela, las flores, el jardín familiar, sencillo, de una casa de las afueras de Buenos Aires... Después, en el cuento «El otro cielo» se refleja la experiencia de los bailes populares en un barrio de Buenos Aires: Palermo Viejo, no Palermo Chico, no el Palermo elegante sino un Palermo popular, que sigue existiendo, donde en esa época había bailes, como los sigue habiendo en Buenos Aires. Se bailaba sobre todo tangos, naturalmente. Y esos lugares Julio alguna vez los conoció. Conoció a un amigo de un amigo, abogado —un hombre muy refinado y rico—, que tenía pasión por esos ambientes, por esa gente de un nivel social y económico y cultural muy por debajo del suyo, pero con la que él simpatizaba. Como se nota en los cuentos de Julio, esos personajes nunca son vistos como inferiores; son diferentes, son curiosos y atraen en la medida que reaccionan de otra manera, hablan de otra manera. Un poco como, en otro terreno, lo ha hecho tan bien Silvina Ocampo, a quien le fascinaban los criados y las criadas. Ese mundo le interesaba mucho a Julio, y le gustaba. No lo veía con la distancia crítica con que puede ver un burgués a un trabajador.

PHF — ¿Qué era lo más importante para Cortázar?

AB — Lo que está fuera de la norma. También el sentido del humor está basado en eso: en una destrucción de lo que es la norma. Lo que te hace ver la falla que tiene la norma es lo que nos hace reír. Todo lo que está aparentemente muy bien armado y de repente se quiebra por la mitad nos hace reír, cuando no es trágico, naturalmente. Esto tiene que ver con lo insólito, sí, sí, lo insólito lo descubría. Tenía un ojo especial para descubrir las cosas raras, los textos insólitos... No le importaba tanto la calidad intrínseca de una obra, lo que todos pueden ver, sino lo que tenía de curioso, de diferente. No de original, porque no se trataba de una originalidad personal, de ser más original que el vecino, sino de ver de repente algo que el otro no había visto y que podía ser tanto o más interesante. Tenía mucha razón, creo yo.

PHF — De repente aparece un personaje inesperado.

AB — Bueno, sabes que existe la famosa serie de escritores que él llamaba *piantados,* palabra de origen italiano que se usaba en la Argentina para designar a la gente un poco tocada, absurda, pero no tonta ni irracional. Esas personas tienen otras formas de racionalidad, digamos, como esos personajes que aparecen en varias obras de él que inventan realmente un orden del mundo, una clasificación de todos los seres del universo, cosas completamente disparatadas para nuestra mente acostumbrada a los catálogos razonados que ha fabricado. Toda la ciencia y todas las artes, toda la actividad humana tiende a la clasificación, al orden, a poner cada cosa en su verdadero casillero. Y de repente descubres que cambiando el casillero el resultado es muchísimo más rico de sentido y más divertido. Eso es lo que a él le interesaba de los llamados *piantados,* de los *locos lindos,* aquellos que crean una forma de disparate que tiene gracia, que nunca es perverso. Son propuestas, siempre, las de estos *piantados.* Nunca imponen un orden: proponen un orden de acuerdo con una manera de ver el mundo que a Julio le interesaba mucho más, por ese costado insólito, inesperado y de resultado generalmente humorístico, claro. Eran textos que apreciaba mucho. Incluso hay clásicos en ese terreno, como las instrucciones de Swift para los criados o para terminar con la miseria en Irlanda[1]. Son

---

[1] *A Modest Proposal* (Una modesta proposición), ensayo satírico publicado en 1729.

233

realmente textos de *piantados,* admirables porque hay una lógica detrás de todo ese disparate, como por ejemplo acabar con los niños para acabar con el hambre; para que no haya más hambre, con librarse de la infancia es suficiente.

PHF — Una visión surrealista.

AB — Bueno, claro, tienen que ver con el surrealismo estos textos: la *Antología del humor negro* de Breton, las recomendaciones a los criados de Swift que ya mencioné, la carta del marqués de Sade a su mujer, que es irresistible. Expresan otras formas de lógica. Porque, generalmente, la lógica de la mayoría es no diría aristotélica porque no quiero ofender a Aristóteles, pero sí convencional. Todos nos ponemos de acuerdo para poner la hora justa en nuestros respectivos relojes, pero hay también quien no usa reloj.

PHF — ¿Julio usaba uno?

AB — Sí, sí, por supuesto. Además para él todo esto no era incompatible con una manera de ser formal, sin ser riguroso, estricto, maniático, pero sí formal. Nunca llegaba tarde, nunca era descuidado en su manera de vestir, nunca dejaba las cosas tiradas, ni papeles ni ropa. Cumplía con sus obligaciones de buen muchacho. Hasta el final. Pero eso no le impedía el resto.

PHF — ¿Pensaba en el futuro de sus libros?

AB — Creo que en cierto modo sí. Tenía una cierta confianza en lo que había hecho. Creía que había escrito buenos cuentos. Lo ha dicho y escrito, firmado: que sabía que había escrito muy buenos cuentos, que algunos se encontraban entre los mejores. Tenía razón, creo yo. Pensaba que algún día tal vez se entendiera lo que había querido decir, como en el caso de *Rayuela*. Tenía confianza en lo que hacía, una cierta seguridad, en un grado razonable. No era particularmente vanidoso, no más de lo que puede ser cualquier ser humano. Por ejemplo, una de las cosas de las que se jactaba era de su habilidad para hacer paquetes. Como me dijo un día, y me gusta recordarlo: «Yo hago los mejores paquetes de libros que se han hecho jamás en todo el mundo». Es cierto, le salían muy bien porque tenía experiencia, adquirida con el distribuidor de libros que lo había empleado en París. Aprendió a hacer paquetes y salía a distribuirlos en su Vespa. Fuera de broma, de eso siempre se jactó. Respecto de otras cosas estaba, digamos, moderadamente satisfecho con lo que había hecho, con lo que hacía. Desde luego, no hubiera publicado nada que considerara malo. Eso es seguro. Nunca lo oí decir: «Esto no debería haberlo publicado porque no es bueno».

Julio empezó a publicar relativamente tarde. Dejando aparte ese primer libro de poemas[1] de su lejana juventud, tiene ya casi cuarenta años cuando comienza. No lo hace a los veinte, ni siquiera a los treinta. Piensa que el primer libro de cuentos quedó inédito hasta que lo publiqué yo después de su muerte[2]. Eran cuentos escritos cuando tenía treinta, treinta y cinco años. De ese primer conjunto, escrito a máquina, que tenía su madre en una caja que yo recuperé después de la muerte de Cortázar formaba parte «Casa tomada», que es el primer cuento que publica Cortázar y el único que eligió para integrar el que consideraba su primer libro, *Bestiario*. Así que había visto la diferencia entre éstos y sus primeros cuentos, sus primeros ensayos narrativos, que son interesantes de todas maneras como aprendizaje de relato. Y llega, de repente, a «Casa tomada», ese cuento que a mi juicio es impecable. Un cuento

---

[1] *Presencia,* bajo el seudónimo de Julio Denis.
[2] *La otra orilla.*

formidable, con tantas interpretaciones. A mí me hace mucha gracia todo lo que puede generar un texto que tiene una ambigüedad de fondo recubierta por una estructura muy clara, muy lógica, muy evidente, muy razonable, muy convencional. Pero detrás hay algo que nos intriga a todos: qué es lo que expulsa a los hermanos de la casa.

Se empezó por decir que era un cuento antiperonista. Julio me dijo: «Yo nunca lo pensé». Claro, lo que un autor cree que escribe no es lo que finalmente escribe. Eso es verdad. Otros pensaron que trataba de la expulsión del Paraíso, de Adán y Eva. Nélida Piñon piensa que lo que expulsa es el pasado, los recuerdos de la familia que han quedado en esa casa, que pesan, de los que de alguna manera hay que librarse. Puede ser. Oí muchas interpretaciones, muchísimas. Él había escrito lo que había escrito. No había pensado en ningún sentido profundo. No había querido decir más que lo que dice el cuento: «Lo que quise decir es esto. Ustedes entiéndanlo como puedan, como les parezca». Se quedaba muy sorprendido cuando leía las interpretaciones ajenas de muchas cosas que escribió. Me decía: «Yo nunca lo había pensado. ¡Qué inteligentes son!». Lo decía sinceramente, porque no se consideraba inteligente, ésa era otra de las cosas que a mí me hacían gracia.

PHF — ¿Cómo lo interpretas?

AB — Te puedo contar, como anécdota, que íbamos al cine a ver films policíacos, porque sabes que a Julio le gustaban mucho las novelas policíacas. Yo digo «policíacas» pero en realidad debería decir, como decimos en Argentina, policiales. Pero se me contagia el español de España. Bueno, le gustaban las novelas y los libros de juicios, de juicios criminales. Todo eso le interesaba mucho. Tenía una buena colección de ese tipo de libros, algunos de autores excelentes. Entonces íbamos al cine a ver una pelí-

236

cula, y a la salida decía: «No entendí. ¿Qué pasó?». Yo le explicaba lo que había entendido. Me decía: «¿Ves?, sos mucho más inteligente que yo. Entendiste. Yo no había entendido».

Esto me recuerda una historia de Calvino y su mujer, mi amiga Chichita Calvino. Cuando salían de una reunión, Calvino le preguntaba: «¿Qué pasó?». Y su mujer le contaba lo que ella había visto y oído y él se quedaba muy sorprendido de que hubiera pasado en la reunión todo eso que su mujer le contaba. Julio en ese terreno era como Calvino también. Decía: «No entendí. ¿Cómo era la cosa? ¿Ves que no soy inteligente?». ¡Qué gracioso! Estaba pensando en otro asunto o estaba distraído, en fin, era algo completamente absurdo, pero divertido. ¿Quién podía tomárselo en serio?

PHF — ¿Cuál es el escrito de Cortázar más antiguo que has visto?

AB — Es un cuaderno de poemas escrito por Julio cuando tenía once años, que afortunadamente fue conservado y está ahora en la biblioteca de Princeton. Es un cuaderno de escolar que su madre cuidadosamente había guardado, indicando: «Estos poemas los escribió Julio a los…», no me acuerdo si a los once o doce años, que efectivamente era la edad que tenía. Son notables, porque tenía un don para rimar admirable. Están dedicados a personajes tan disímiles como el fundador de un asilo para niños huérfanos, una compañera de colegio, una maestra, su hermana… Hay un poema a la manera de «El cuervo» de Edgar Allan Poe. Poe es un autor que puede ser leído por un chico inteligente, por un chico chico, quiero decir. Tiene todos los elementos de misterio, de truculencia también, que atraen mucho a los chicos. ¿Qué es lo que atrae en «Caperucita Roja» sino el lobo que se come a la abuela? ¿Qué es lo que atrae en «La Cenicienta» sino los malos tratos de la madrastra? Uno está siempre fascinado por el mal, desde que nace.

Esos poemas infantiles hablan de pasiones, de esas cosas de las que escriben los chicos porque han oído hablar y de alguna manera sienten su importancia. Son de un gran candor, muy graciosos. Una curiosidad. Y demuestran que desde siempre Cortázar cultivó la poesía y que estaba dotado por lo menos para hacer un poema rimado, cosa no tan fácil. Eso es lo más viejo que yo he visto.

También escribió una novela que desgraciadamente se ha perdido. Tenía un título rarísimo. No puedo recordarlo, él me lo dijo alguna vez, jugaba con el nombre de la protagonista, que se llamaba Nieves, algo así como *Castillos de nieves eternas...* Hay ya un juego de palabras, cosa que también es muy de Cortázar. Sabes que soñaba con juegos de palabras. Se despertaba y decía: «¡Soñé!». Y repetía el juego de palabras con el que había soñado: aliteraciones, rimas, cosas muy muy extrañas.

PHF — ¿Te acuerdas de uno?

AB — No, no, porque eran cosas que me contaba cuando se despertaba y él mismo se olvidaba después. Y yo también, claro. Estaba medio dormida en esas ocasiones.

PHF — Julio empieza a escribir siendo muy joven.

AB — Escribe desde el principio. Escribe desde que sabe utilizar un lápiz, pero su obra es publicada mucho después de haber escrito no pocas cosas, cuentos e incluso novelas. Algunas de ellas desaparecidas. En realidad ya prácticamente no conservo nada, casi nada, me he quedado con dos o tres papeles muy personales, literarios, pero muy personales. Los guardé porque... porque no puedo separarme de ellos. Pero sus papeles están todos en Princeton, en la biblioteca, entre los muchos documentos que ha acumulado esa formidable institución que tiene un gran depósito de materiales literarios, latinoamericanos..., de todas partes del mundo en realidad.

PHF — Hablemos de *Rayuela*.

AB — *Rayuela* aparece en el 63. Esos años fueron muy importantes para la literatura latinoamericana. Porque dio la casualidad —aunque no sé si lo fue— de que aparecieron cuatro o cinco libros importantes —hablo de los más conocidos, hay muchos más—. Hubo un cambio, no sé si tanto en la escritura como en la lectura, quizá porque yo hablo desde el punto de vista de una lectora. Es decir, empezamos a ver aparecer en las vitrinas de las librerías libros de autores de América Latina. No estábamos acostumbrados. Y eso es un cambio muy muy importante. Empieza a haber un público lector de esos libros.

Julio creía que había escrito un libro que iba a interesar mucho a la gente de su generación. Se llevó una gran sorpresa, porque no fue así. Interesó más a gente mucho más joven, con veinte años menos. Y sigue siendo así, sigue siendo un libro muy leído por jóvenes y muy criticado y discutido por personas, digamos, mayores, no viejos, pero mayores. Es evidente que no ha pasado en vano ese libro. Eso es lo interesante: que no ha pasado en vano y nadie puede ya olvidarlo. Para bien o para mal.

PHF — Es un libro discutido por su estructura.

AB — No sólo por la estructura, creo yo. Por la estructura, sí, aunque en ese terreno había ya famosos antecedentes de libros escritos a partir de cosas sueltas, de textos sueltos que después se organizan. Aunque no fuera la manera de abordar la escritura de una novela, que evidentemente se formaliza en el siglo XIX. Era difícil escapar de esos moldes, pero existía la necesidad de hacerlo, y *Rayuela* es el

239

resultado, *un* resultado de esa necesidad. Pero yo no creo que fuera sólo la forma lo que a muchos les sorprendió, incluso hubo un crítico en Argentina, bastante conocido, que profetizó que ese libro no lo iba a leer nadie. Fue extraordinario. Porque estaba convencido, lo dijo de muy buena fe. Y no fue eso lo que ocurrió. ¡No se puede ser profeta! Se acabó el tiempo de los profetas.

Pienso que se trataba además de una mentalidad diferente, una aparente despreocupación de muchos de los temas que en esa época eran tan importantes para mucha gente de América Latina. Digo «aparente» porque creo que en el fondo a Cortázar siempre le interesaron dos o tres cosas mucho, desde las primeras obras. Una es la libertad, la libertad como condición esencial del hombre, de la existencia del hombre. Creo que esto está presente siempre. Otra es un cierto tipo de crítica que en su momento tal vez no fue bien entendida. Por ejemplo, se creyó que el libro era una crítica de la burguesía, cuando ya la crítica de la burguesía estaba agotada. No es una crítica de la burguesía, es una crítica del espíritu burgués, entendido como el espíritu convencional. Pero que se da tanto en la gran burguesía como en la pequeña burguesía como en el proletariado. Es decir: es un espíritu, no una clase social. Y a *Rayuela* algunos la vieron como una crítica de una clase social, hubo muchas interpretaciones que a mi juicio no fueron muy atinadas, pero que se pueden comprender como producto del momento.

Creo que es el libro de una búsqueda, de la búsqueda de un orden, también. El personaje busca un orden, le busca un sentido a su vida, a través de medios que no son precisamente los habituales, los convencionales. No es ni la filosofía, ni la religión, ni el arte: es todo junto y no es nada porque Oliveira no es un creador que puede buscar en una dirección. Es un hombre suelto, digamos, no tiene ataduras. Y no las tiene porque las rechaza. Las rechaza en su relación personal con la Maga, por ejemplo, pero busca constantemente. Yo lo veo así. Por eso el libro tiene tantos lectores jóvenes, porque ellos están siempre en esa búsqueda de, con perdón de la palabra, un absoluto, palabra que no hay que manosear mucho, como sabemos.

PHF — ¿Tiene que ver Horacio Oliveira con Cortázar?

AB — Siempre se ha dicho que toda obra de ficción es una autobiografía. Puede ser que sea una autobiografía en el sentido de que refleja experiencias personales, pero no lo es quizás en el sentido de retrato. En realidad Cortázar dice en una de sus cartas que la persona que más se parece a Oliveira es Fredi Guthmann. Fredi era un amigo de su juventud, a quien yo conocí, un hombre verdaderamente muy original. Era también, como Oliveira, un buscador de orden. Un día, en la India, Guthmann se convierte al vedanta... El propio Julio dice que si alguien se parece a Oliveira es Fredi. Yo creo que además Oliveira refleja un aspecto que no es muy visible en Cortázar: triste, afligido, nostálgico pero no desesperado. En cambio Oliveira sí lo está. Y está destinado a terminar mal.

PHF — ¿Y la Maga?

AB — ¿Ves? La Maga es justamente de esos personajes que se han querido siempre identificar con una persona. La propia persona con la cual se identificaba a la Maga ha llegado a ser la Maga, no sé si por razones de tipo intelectual sino tal vez por una incomprensión del personaje de la Maga y del nombre de la Maga. Es preferible no entrar en detalles. Pero sí, podría pensar que hay algunas personas que he conocido, sobre todo una, que se parece a la Maga, desde luego yo no. Hay una parte de invención en todo personaje y hay una parte que está tomada de la realidad, lo cual es normal, pero no quiere decir que sea un retrato.

La gente se olvida de que el personaje es alguien diferente: está hecho de palabras y las personas no, que yo sepa.

PHF — En ese mismo año, 1963, hicieron un viaje a Cuba.

AB — Lo hicimos juntos, sí. Yo estuve en Cuba en momentos de gran exaltación revolucionaria, realmente, de gran adhesión no sólo popular sino de intelectuales, de gran esperanza. Conocí a mucha gente muy simpática, mucha. No solamente a José Lezama Lima sino también a Calvert Casey, Virgilio Piñera, Antón Arrufat, mucha gente formidable.

PHF — Todos nucleados en la Casa de las Américas.

AB — Era una institución poco conocida todavía. Empieza a ser conocida en el momento del *boom*, del llamado *boom*. Cuando salen a relucir Vargas Llosa, Cortázar, García Márquez, Carlos Fuentes, una cantidad de escritores latinoamericanos que coinciden, incluso por razones generacionales, en la publicación de libros que resultaron ser un poco fundadores de tendencias, de gustos, y de éxito de lectores, lo cual no era tan frecuente en América Latina: leíamos mucho más a Faulkner que a Onetti.

PHF — ¿Qué actitud tenía Cortázar frente a la política?

AB — Pienso que a Julio lo que le interesaba eran los derechos humanos, la defensa de los derechos humanos, y de eso se ocupó hasta el final de su vida, incluso estando como estaba, tan enfermo y sin fuerzas, seguía tratando de ayudar. Escribía a los presos, se dedicaba personalmente a muchas personas que tenían parientes desaparecidos y estaban pasando las de Caín. En fin, eso fue su gran preocupación, realmente. Tal vez en otros terrenos sus preocupaciones políticas fueron discutibles, pero en ese de los derechos humanos creo que no se equivocó. Incluso utilizando el poco tiempo del que disponía para una tarea que le costaba mucho esfuerzo.

PHF — ¿En qué tenía confianza?

AB — En la posibilidad de que el hombre llegará a ser capaz de cambiar su vida, su forma de vivir, para Julio equivocada, y no sólo para él. En un cambio, pero un cambio realmente muy profundo que implica un cambio social, naturalmente. No se puede hacer un tipo de revolución así si no es total, si no es también de una sociedad. Ahí empiezan los problemas. También en el plano personal los problemas existen, porque no es tan fácil cambiar radicalmente. Pero él creía que era posible. No fue el único que creyó que eso era posible.

Él mismo decía que no era un político, que no tenía una mentalidad política. Es probable. Como yo tampoco soy política, no puedo juzgar en ese terreno. Es decir, el hecho de leer en los periódicos lo que está pasando, lo que pasó, no basta para tener una visión política. Es una cosa muy especial que requiere un talento y unos conocimientos que Julio no tenía, como la mayoría de la gente. Yo creo que él nunca había leído *El capital* y seguramente no lo iba a leer. Tenía otras cosas que leer. Su visión era la visión de alguien que un día descubre que el hombre puede ser muy desdichado por razones que no dependen tanto de él personalmente como de las circunstancias, como de la economía y de la política. Y trata de ver cómo se puede arreglar esto.

Fue una especie de descubrimiento de la obligación moral que tiene uno de no ocultarse y sobre todo de hacer algo para que haya un mínimo de justicia en este mundo.

Tuvo encuentros con las personas que él consideraba que estaban en su línea. Después todo eso se llevó a un plano de la realidad del que la política no puede excluirse. Pensaba, y tal vez tuviera razón, que no adoptar una posición política es también una posición política. Es decir que no escapamos de esa obligación que él sentía muy fuertemente en sí mismo a partir de cierto momento de su vida. Siente esa obligación de compromiso con unas exigencias de tipo ético que se le aparecieron como decisivas para su propia vida. Entonces hace lo que puede para llevar a la práctica esa actitud. No le bastaba con pensarlo en su casa sentado cómodamente. Frente al destino de los presos políticos o de los muertos de hambre de este mundo, pensaba que había que hacer algo. Ese *hacer algo* consistía, en parte, en esa presencia y apoyo personal a movimientos, a causas… Y en parte también en la literatura. No de una manera programática, no de acuerdo con una teoría o una idea política definida, pero sí como denuncia de un estado de injusticia y de horror que es real, que es verdad, que es cierto, y que requiere poder salir de eso.

PHF — Eso sería la revolución: poder salir de eso, a través de una actitud que no puede dejar de ser personal.

AB — En el sentido de un cambio que a él le parecía imprescindible. Hay un momento en que la injusticia y el sufrimiento le parecen intolerables. Y entonces cree que hay que hacer algo para que no sea así, para no tener que seguir reprochándose el no actuar cuando hay quien se muere de hambre, quien se muere en la tortura, quien se muere preso o a quien lo tiran desde un avión al Río de la Plata. Todo eso no deja de tener su razón de ser.

PHF — Con su obra Cortázar encuentra una manera de denunciar.

AB — Empiezan a aparecer en algunos cuentos como en «Graffiti», por ejemplo, o en «Recortes de prensa», testimonios de ese estado de injusticia y de crueldad, de negación de lo humano. En el *Libro de Manuel* aparece de una manera más específica tal vez, aunque menos eficaz a mi juicio, pero esto es una opinión personal que no vale la pena mencionar. También en un cuento realmente terrible, «Satarsa». Los personajes son unos perseguidos, no se dice por quién; son tres o cuatro personas, entre ellas un matrimonio con una niña, que andan escondidos en algún lugar de la república. No se dice siquiera si es la Argentina, creo que no se dice. Para sobrevivir matan ratas, enormes ratas de campo. Tiene mucho de simbólico esa matanza, porque ellos terminan siendo ratas, son cazados como ratas también. Es un buen texto político, a mi juicio, porque no habla directamente del tema, ni siquiera se dice por qué razón los persiguen, no se dice que son perseguidos políticos.

Hay otro cuento que a mi juicio también es político, escrito quizás antes de la etapa del compromiso, que es «La escuela de noche», una especie de alegoría del fascismo. En una escuela de ciclo secundario entran unos alumnos y encuentran una especie de orgía que es realmente como una parodia del nazismo. Es bastante interesante ese cuento, a mí me gusta mucho. Me parece un texto político sin intención evidente de hacer un texto político. Yo creo que Julio ni siquiera lo pensó, porque, además, el fascismo en ese momento era todavía algo relativamente lejano para nosotros. Después los argentinos lo vimos muy de cerca. Quiero decir que antes era algo que les pasaba a los otros, en Europa y en América Latina, pero no a nosotros. Es una idea mía, forma parte de mi interpretación.

PHF — ¿Crees que se puede luchar con las palabras?

AB —Las palabras son muy importantes. Pero no basta con los discursos, los manifiestos, y se le exige a la persona una participación activa, una adhesión personal. Claro, él pensaba que su manera más eficaz de participar era a través de las palabras, porque era lo que él sabía utilizar mejor. Recuerdo que a un escritor que no voy a mencionar se le exigía meterse en la guerrilla. Pero eso habría sido acabar con el escritor, era completamente ridícula como idea: para ser útil tienes que morirte. Eres útil hablando o escribiendo, usando las palabras. Para ser útil tienes que dejar de ser útil, ésa es la paradoja. Pero era así. En tantos, tantos casos. Hasta a Julio se lo reprocharon alguna vez, él no estaba allí, no estaba allí para hacerse matar.

PHF — Es necesario que haya héroes.

AB — Héroes hay, cómo no, muchísimos, pero ese tipo de héroe que se va a hacer matar cuando lo mejor que podría hacer es quedarse en su casa escribiendo un buen libro ya no me parece tan heroico. Porque escribir un buen libro tampoco es tan fácil. Claro, me dirás que es mucho más cómodo morirse escribiendo un libro que morirse porque te asesinan, eso es verdad. Pero no es más eficaz. Y si se trata de eso, de ser eficaz, hay que ver qué se elige, cuando se puede elegir, porque a veces no te dejan elegir.

Cortázar pensaba que la distancia ayuda a entender muchas cosas. Se le ha reprochado mucho que en circunstancias dramáticas como las que ha vivido la Argentina en los últimos treinta años él estuviera afuera y se atreviera a opinar. Es decir, se le exigía un compromiso concreto, la presencia personal en el lugar de los hechos. Cortázar siempre pensó que su manera de participar y de manifestar su presencia era a través de lo que sabía hacer: la escritura. Porque ser víctima, una víctima más, de los abusos de los que fueron objeto los argentinos no sirve mucho de testimonio, desgraciadamente. Es un número. Tantas víctimas, tantos desaparecidos, es una cosa horrible, y uno más tanto da que sea Juan Pérez o Julio Cortázar, en el terreno de la eficacia, que era lo que en ese sentido Julio pensaba. Fue muy discutida, muy polémica, la actitud yo no diría política sino ética de Cortázar.

PHF — Se consideraba como un intelectual comprometido.

AB — Sí. Se consideró comprometido, se consideró obligado a actuar. Actuar a su manera, actuar en tantas causas, a favor de los que sufrían injusticias, presos políticos, desgraciados. A partir de cierto momento de su vida tuvo una conciencia muy aguda de la situación del mundo y de su obligación ética. Insisto: no política. Hoy escuchaba una inteligente conversación en la televisión —no ocurre muy a menudo, pero a veces sí— donde se hablaba de Sartre, con motivo del centenario de su nacimiento. Sartre fue una figura muy importante para todo el mundo de su tiempo, y para los argentinos en particular. Julio lo leyó muy atentamente: *El ser y la nada,* artículos, la obra literaria. Sartre, y lo dijeron muy bien, era un escritor, un filósofo. Tenía posiciones políticas pero no era un político. En el terreno político, así lo señalaban, cometió muchos errores. Pero era un escritor. Y su situación es más compleja porque asume personalmente una condición que lo obliga a actuar políticamente aunque no sea su vocación.

PHF — Entonces el escritor —el artista— puede cometer más errores.

AB — ¿Más errores que los políticos? Yo no sé si se pueden cometer más, con perdón de los políticos. No soy quién para juzgarlos, pero tengo la impresión de que es muy difícil afrontar el mundo mediante la política, porque en ese plano soy ignorante.

PHF — ¿Hay límites que separan al escritor de los demás?

AB — Se supone que el artista, a través de su obra, salta barreras, o nos permite saltarlas. Se supone que eso es lo que hace un escritor. Un pintor también, un músico. En fin, cualquier artista lo consigue, de hecho. Cada uno puede comprobarlo en la medida en que piense un poco sobre sus propias experiencias de lector, de espectador, de oyente. Y comprender que la obra de un artista efectivamente hace saltar barreras. No diría yo educar ni enseñar, es otra cosa.

PHF — ¿Qué barreras saltaste gracias a Cortázar?

AB — Salté unas cuantas, por supuesto no muy altas, proporcionadas a mi tamaño. Y no me refiero únicamente a mi tamaño físico sino también a mi tamaño mental, a mis limitaciones, digamos. Pero cómo no, yo he saltado barreras, sí, desde las barreras de un racionalismo estrecho, que creo que ya no es fuerte como lo fue, comprobando cuánta razón había en esa aparente falta de sistema y de orden que era lo no racional, cartesianamente racional, admitiendo que había otras razones, como ya algún eminente autor francés lo dijo. Sí, sí, ésa fue una. En mi modesta medida he aprendido no poco.

PHF — ¿Cuál era el mundo real de Cortázar?

AB — Por empezar habría que entender bien qué quiere decir la palabra *real*. Si se refiere a la realidad cotidiana, a lo que todos consideramos real, o a la otra realidad que Julio creía ver siempre detrás de la realidad, esa otra realidad, que era la que más le interesaba. Desde el punto de vista de lo cotidiano y de lo que convencionalmente llamamos «realidad», estaba la de su infancia, que está muy bien contada en muchos cuentos. Está después la realidad de París, también muy documentada, si así se puede decir, por *Rayuela* sobre todo. Está la realidad del mundo de los

248

viajes... Es decir que hay muchas realidades diferentes. No sólo para él, sino para todos nosotros.

La realidad es muy muy variada. Pero lo que interesa en el caso de Cortázar es que detrás de la realidad aparente, de la realidad diaria, de la realidad cotidiana, él veía otra cosa. En ese sentido, yo siempre tuve la impresión no de que él fuera un vidente, no es ésa la palabra, pero sí alguien como de otro planeta, como un ser que cae en este y que recuerda el planeta del que viene, o cree entrever ese mundo que se le ha presentado después del nacimiento. Algo así como lo que se llama un mutante en la literatura de ciencia ficción. Incluso físicamente tenía algo de mutante, si uno piensa en esos ojos extraños, extraordinarios, que se extienden hacia los costados, como para ver todo lo que no vemos. Cuando miramos vemos lo que está al frente, apenas entrevemos los costados. Pero daba la impresión de que él veía tanto de frente como de costado, y tal vez hacia atrás.

Hubo un día en que me di cuenta, y ocurrió rápidamente, que él estaba siempre viendo otra cosa. Al principio esa otra cosa me parecía, cómo decirlo, una fantasía que contradecía mi sentido racional de la realidad. Un buen día me di cuenta de que no, de que no lo contradecía, de que tal vez ésa fuera la verdadera realidad. Y creo que ésa fue la principal enseñanza que saqué de esa larga relación con Cortázar, un aprendizaje muy importante del cual me doy cuenta a medida que pasa el tiempo. Que muchas cosas que veo ahora no las hubiera visto antes de conocerlo, antes de ese contacto que me ha mostrado esa presencia constante de otra realidad, la verdadera.

PHF — ¿Cómo sobrevive esta enseñanza a la ausencia?

AB — Bueno, a través de la memoria se comparte mucho. En realidad el vínculo con el ausente es un vínculo como tantos que uno anuda en la vida. Que aunque parezcan interrumpidos o rotos o desaparecidos reaparecen constantemente, de distintas maneras. En realidad creo que para mucha gente esa diferencia, ese diálogo es penoso. Para otros no, para mí no, por ejemplo, no ha sido así. Tampoco fue así para Cortázar. A pesar de la nostalgia que siempre acompaña la situación del que no está en el lugar de donde proviene, que no está del todo. Pero no estar del todo es una característica de Cortázar en el fondo, y también mía. Yo la comparto en alto grado. No estar del todo no quiere decir lo que parece querer decir, o sea, desentenderse, no, no. Es reconocer que hay eso y hay otra cosa siempre.

PHF — También visible en la manera de yuxtaponer las palabras.

AB — Que son sorprendentes y siempre justas. Eso es todo un arte, el de poner un adjetivo que sale de lo habitual, de lo ya leído y releído y dicho. Puede ser arbitrario, absurdo, muy feo. Y es preferible atenerse a «dientes de perlas» y «labios de coral» que inventar un horror para ser novedoso. Pero la verdad es que la característica de un escritor de verdad es que encuentra una manera de juntar un sustantivo y un adjetivo en que no pensabas y te revela todo el aspecto de la cosa. No es porque sea más bonito o novedoso, es porque es revelador, porque nadie había pensado que eso se podía decir así, porque quiere decir algo y no porque es nuevo o insólito o porque a él se le ocurrió, no. En la literatura pasa eso. Supongo que pasa en todas las artes.

PHF — Cortázar no se conforma con el sentido *normal* de las palabras y decía que había otro significado detrás de ellas.

AB — Creo que se refería sobre todo a la forma en que las palabras, por el uso y por el mal uso, en general, se van cargando de sentidos que no son los verdaderos, que son poco interesantes. Hay que rascar las palabras para quitarles esa corteza de malentendidos, de errores, de mal gusto, y recuperar lo que queda detrás. Esto es un trabajo enorme. Porque incluso la palabra más limpia en ese sentido es siempre oscura. O mejor dicho: uno es oscuro, y no puede acertar con la palabra que expresa la claridad que hay dentro de la oscuridad. Ése es también el problema de las palabras para Cortázar: cómo limpiarlas y ver a su través esa otra cosa que ha quedado, lo que se quiere decir.

Julio tenía un vocabulario muy rico, como cualquier buen escritor. Pero hay palabras que, como es habitual, se repiten: adjetivos, verbos… La palabra *pasaje* tiene mucha importancia en la obra de Julio. No solamente por los pasajes urbanos como la Galería Güemes, o como los pasajes de París[1], que Julio tanto amaba. Nada le parece definitivo: todo lleva a otra cosa, todo es un paso. Partiendo de la gran metáfora de que nuestra vida también es un pasaje, un paso hacia no sabemos qué. Se nos presenta siempre como un camino, como algo a lo que hay que llegar —de alguna manera hay que llegar— a través de un pasaje. El pasaje puede ser las circunstancias de la vida, puede ser un viaje. Estar sentado en tu cuarto papando moscas también puede ser una forma de pasaje. No será el mejor, seguramente, pero es el que da menos trabajo. Por eso la palabra *pasaje* es importante. La palabra *juego* también.

PHF — ¿Con qué palabra de Julio Cortázar te quedarías?

AB — ¿Con qué palabra? No sé cómo tomar la cosa. Las palabras que él… no sé si las usaba o las ejercía, digamos. La gran imaginación y el sentido del humor enorme que tuvo siempre quizá son palabras que lo definen. La alegría de vivir, el gusto de la vida lo tenía muy fuerte, la genero-

---

[1] En particular la Galerie Vivienne.

251

sidad también, la generosidad, con todos. Nunca le pareció bien asumir una actitud demoledora, incluso respecto de libros u obras que le parecían menos buenos. Siempre les veía algo interesante y el esfuerzo mismo de haberlos llevado a cabo le parecía interesante, frente a actitudes excesivamente críticas como fue durante muchos años la mía, y dejó de serlo. Eso es otra cosa que le agradezco. Tuvo siempre una actitud realmente generosa. Ésa sería otra palabra: la generosidad.

PHF — Hablabas de juego. ¿El juego sirve para soñar? ¿Para soportar la vida?

AB — No creo que tuviera esa función, no. El juego es una realidad para Cortázar. Es salirse de las normas que rigen la vida cotidiana, crear otras normas y de acuerdo con estas normas cumplir con el paso o pasaje de una realidad a otra. Una *Rayuela* es eso, aceptar que el cielo es un dibujo que está arriba, la tierra es un semicírculo que está abajo y las casillas con los números son el paso de una realidad a otra. Ese paso es un juego, pero está sometido a leyes que no se pueden transgredir. Es decir: se pasa del uno al dos, del dos al tres, no se puede dejar el tejo entre dos casillas o fuera del dibujo porque no vale. No se puede hacer cualquier cosa en un juego. Un juego tiene leyes tan inflexibles como las leyes que nos rigen en la vida diaria. En el juego no hay nunca una libertad absoluta. Es una libertad sometida a leyes, pero a leyes nuevas, que no son las que rigen el mundo cotidiano, como decíamos antes.

PHF — ¿Cada uno busca sus leyes?

AB — En realidad no. Cuando uno juega adopta o mejor dicho acata las leyes que rigen ese juego. Uno se somete a las leyes de ese juego. Pero ese juego le parece más satisfactorio que el monótono juego de las leyes que rigen la vigilia, la vida corriente. Es salirse de ese orden y entrar en otro. Julio siempre buscó un orden, siempre. No convivía con el desorden. Ni siquiera en el mundo material, en el mundo concreto. Era un hombre ordenado. También en el plano social o de la ética. Para él, el juego que se juega corrientemente es equivocado. Hay que adoptar otras leyes. Y allí viene la idea de la revolución, del cambio en el plano político. Lo que él se propone no es tirar el orden cotidiano por la ventana y hacer lo que a cada uno le dé la gana. El juego tiene una ley inflexible y los chicos bien que lo saben. No aceptan las trampas, nunca, en el juego. El que hace trampa queda descalificado.

PHF — ¿Había que someterse al juego de Cortázar?

AB — Él pensaba que había muchos juegos posibles. La prueba es que el personaje de Oliveira no ha encontrado el final del libro, no ha encontrado la manera de llegar. Por lo menos mi idea del final de *Rayuela* es que Oliveira no la ha encontrado. Pero no quiere decir que no puedas encontrarla tú, por otra vía, así como hay personas que parecen haberla encontrado. En la correspondencia con su amigo Fredi Guthmann Julio se alegra muchísimo pensando que Guthmann ha encontrado un camino religioso o místico, pero reconoce que no puede entrar en ese juego, que no es para él. Entonces dice unas cuantas cosas interesantes sobre lo que es el hombre occidental, sobre la dificultad para entrar en un juego que sea diferente de este en que vivimos.

PHF — ¿Y tú encontraste un camino?

AB — ¿Yo? Yo estoy peor que el Oliveira de *Rayuela*, todavía más perdida. Pero con conciencia de estar perdida, y eso ya es un paso, es un paso.

PHF — Es un texto que te acompaña siempre.

AB — Son muchos los textos que me acompañan. Hay cuentos que me parecen extraordinarios, escenas de *Rayuela,* no digo todo el libro, pero sí escenas como la que a mí me parece central: la del tablón, que resume la condición del que se va y el que se queda, que es también el problema de todos nosotros, los que nos hemos ido. Una parte de nosotros no se va, se queda. Y ese diálogo entre el que se va y el que se queda me parece extraordinario, para mí muy presente, efectivamente, porque es una experiencia que en cuanto la ves expresada como en *Rayuela* te permite identificarte no con un personaje sino con ese diálogo que uno mantiene consigo mismo, permanentemente, cuando se va, que no quiere decir que se haya ido del todo.

PHF — Desde su publicación, *Rayuela* ha sido siempre un libro muy vigente y polémico.

AB — Así es, no sólo para los lectores —es un libro muy leído por jóvenes, sobre todo— sino también para los críticos y para los escritores, tanto los que encuentran que indiscutiblemente ha abierto caminos como los que, al contrario, piensan que los ha cerrado, que es un error. Es un libro que suscita muchísimos interrogantes y mucha polémica. Pero hace más de cuarenta años que esa situación desde el punto de vista de la crítica no ha cambiado y desde el punto de vista de la lectura tampoco. No sé cuántos libros han conocido un destino parecido —me refiero a los libros contemporáneos de *Rayuela,* no a la literatura en general—. Pienso que en cierta medida Borges pasó por las mismas. Ahora ya es hasta tal punto un clásico que es muy difícil aventurar una crítica despiadada, digamos, como se ha hecho con *Rayuela.*
   Entre los críticos y los lectores las opiniones están divididas. Unos sitúan a Cortázar en un punto muy alto,

mientras que para otros su obra es muy discutible. El más discutido no es tanto el Cortázar cuentista, al que ya es casi un lugar común considerar uno de los grandes cuentistas en lengua española del siglo XX, sino el que experimentó en el plano de la novela como lo hizo con *Rayuela*, que sigue siendo un libro que provoca polémica.

PHF — Los personajes de los cuentos y de *Rayuela* son como una gran familia.

AB — Hay distintas familias. En la obra de Cortázar la familia tiene importancia, como fatalmente la tiene para todos. Así se convierten en personajes su abuela, su casa, su madre, su hermana. Aparecen de una u otra manera sobre todo en esos cuentos de infancia. Pero después, en París, la cosa cambia y los personajes son los amigos. La amistad es un elemento importantísimo en la obra de Cortázar. Y en *Rayuela* es capital. Porque incluso el conflicto secreto, sordo, de Traveler y Oliveira es un conflicto de amigos, amigos del alma: el que se ha ido y el que se ha quedado. El que se ha quedado es el pobre Traveler. Es muy importante la amistad en esa larga serie de textos que Cortázar escribió en París. Julio siempre tuvo muy buenos amigos, tuvo con ellos relaciones que duraron hasta el final de su vida. Por eso aparecen tanto.

PHF — Es imposible, con este nombre de Traveler, que Cortázar no haya pensado en Der Wanderer, el viajero, que aparece a lo largo de la tetralogía *El anillo del Nibelungo* de Richard Wagner, una obra que Julio conocía perfectamente.

AB — Es probable. En todo caso yo no sé si se lo propuso, pero resultó que el amigo que se quedaba se llamaba Traveler. Tal vez lo que le pasaba a Julio —eso lo he dicho alguna vez— es que él descubría el final al escribirlo, no

255

tenía pensado el final del cuento, simplemente a medida que el cuento avanzaba se le imponía el final. Después reconocía que había elementos en el principio del cuento que reaparecían con mucha importancia en el final, y en el caso de Traveler puede haber pasado lo mismo. Le puso ese nombre porque sí, pero de alguna manera ese nombre acentuaba el antagonismo entre la realidad y el nombre. El que se va no se llama Traveler. En realidad el que sigue pensando en París, sin ir a París, es Traveler. Horacio, que ya está en París, no tiene que pensar en el viaje. Para mí es así, pero no creo que él se haya propuesto esto. Le salió por una lógica interna, llamémosle el subconsciente, con perdón de la palabra, que es el que en realidad dirige la música interior para todos, para los músicos, para los escritores de verdad, para la gente que de verdad trabaja en estos terrenos. Nadie sabe lo que hace sabiéndolo, pero lo sabe una parte de sí mismo que no aparece a la vista, en forma consciente.

PHF — ¿Cómo evolucionó el estilo de Cortázar?

AB — El lector de la obra puede verlo con bastante claridad. Sobre todo si se toma en cuenta el camino que recorrió desde los primeros cuentos que escribió y que se publicaron póstumamente. Se ve cómo va avanzando en la conformación de su estilo, cómo va avanzando en su manera de ver, de organizar el relato, en fin, toda esa larga tarea que le llevó toda la vida y que Dios sabe en qué habría terminado si hubiera tenido la posibilidad de vivir diez o veinte años más. También en su poesía se ve muy claramente cómo va cambiando su estilo.

PHF — Cortázar ha construido su obra alrededor de varios mundos, incluso alrededor de Argentina estando fuera del país.

AB — En el terreno personal, vale lo que decíamos antes: uno nunca corta el vínculo, jamás. Está presente Buenos Aires, están presentes las personas, constantemente en su obra. No diré en los relatos, salvo *Rayuela* y otras novelas como *El examen*, *Divertimento*, que se ve mucho de la vida de Buenos Aires — pero *Divertimento* y *El examen* fueron escritos o pensados en Argentina, *Rayuela* ya no—. En los cuentos se ve mucho esa relación. También se ve en la poesía. En *Salvo el crepúsculo* hay una parte importante que se refiere al Buenos Aires que ha dejado y por otra parte todo lo que él recuerda de ese mundo, toda la nostalgia que siente. Yo creo que hay vínculos que no se cortan nunca. Por más que uno reniegue, reniegue de todo, de todo lo que le ha resultado intolerable, inaceptable... el vínculo sigue existiendo. Y en el caso de Cortázar existió siempre.

PHF — Te referiste a la nostalgia, ¿o es melancolía?

AB — Justamente, habiendo visto la exposición —me interesó muchísimo— que hay en este momento en París sobre la melancolía[1], me pareció que es realmente el estado natural del artista. Es muy extraño, porque puede coexistir, de hecho coexiste, con el buen humor, con el sentido del humor en general, incluso con la alegría. No es incompatible. Pero hay un fondo de melancolía, no de nostalgia, en la obra de Cortázar, siempre. En él mismo también. Era una persona de muy buen carácter, que se divertía mucho, que hacía constantemente bromas, pero al mismo tiempo era melancólico. Eso se veía en la exposición. Porque hay escenas que son melancólicas y que no tienen nada de triste. Así que no hay que confundir la melancolía con la tristeza. Son sentimientos diferentes. Yo creo que Julio era melancólico, pero no especialmente nostálgico.

---

[1] «Melancolía: genio y locura en Occidente», Grand Palais, París, 2005/6.

PHF — ¿Y la nostalgia de Aurora?

AB — Yo no soy nostálgica. Me doy cuenta de que no puedo calificarme como nostálgica, no. Quizá porque rechazo las ocasiones de sentir nostalgia. No vuelvo en general a los lugares que para mí pueden tener una carga muy grande. No quiero verlos. Prefiero no verlos más, prefiero recordarlos y no tener nostalgia. Me pasa con los lugares, me pasa con las personas también. No quiero tener nostalgia de fulano o mengano. Puedo lamentar que no estén más a mi lado, no tener más contacto con ellos. Pero no nostalgia. Creo que no es en mi caso un sentimiento dominante. Tal vez sea una falta grave de mi carácter, pero es verdad. Creo ser sincera en lo que te digo.

PHF — Nostalgia de Argentina, por ejemplo, ninguna.

AB — No, porque la Argentina que me podría inspirar nostalgia no existe más. Yo tampoco soy la misma que hace cincuenta años, de hecho. Aquellas personas no existen más. Yo soy una sobreviviente de ese mundo. Y la ciudad es también lo que queda. Es una supervivencia de algo que no era así. Y no es que no fuera así porque yo lo veía con otros ojos, de persona joven o de niña, sino porque ha cambiado como todo cambia. No es que a mí me sorprenda el cambio, tampoco me sorprende en mí misma. Es así. No tengo más que mirarme al espejo para ver el cambio. No tengo más que leer un libro y pensar por qué marqué esto que ahora no me interesa y en cambio no marqué esto otro que sí me interesa. O por qué, si voy a una ciudad que ya conozco bastante, cada vez veo otra cosa que va sustituyendo un poco el recuerdo que tengo de ella. Y así me sucede con Buenos Aires, que fue la ciudad de mi infancia y de mi primera juventud, donde mi familia estaba instalada, y que fue para mí muy importante, indudablemente. Todo eso forma parte de mis recuerdos, pero no puedo decir que me inspire nostalgia. El recuerdo puede diferenciarse de la nostalgia. Una cosa es acordarte, otra cosa es sentir nostalgia. Uno puede incluso acordarse de cosas malas.

PHF — ¿Cómo ves la Argentina de hoy?

AB — He vuelto, no mucho, si consideras los años que hace que estoy en París. Al principio, con Julio, íbamos a ver a la familia. Después, cuando nos separamos, estuve viviendo en Buenos Aires un tiempito. Tenía un departamento bastante agradable, trabajaba un poco y tenía amigos. Estuvo bien. Pero cuando las cosas se pusieron feas en Buenos Aires, en el 73, fue terrible, tanto que me quise volver a Francia, quería volverme pero no podía y Julio estaba alarmadísimo. Logró que la Unesco interviniera y finalmente pude salir. A los dos o tres días llegué a París. Y en todos esos años de represión no volví, vendí el departamento de Buenos Aires y ya no tuve ganas de volver. Además era peligroso. No sé si para mí personalmente, supongo que no, pero dadas las declaraciones de Julio podría haberme visto en una situación desagradable y muy peligrosa a pesar de no participar en absoluto en la cuestión.

Después fui algunas veces, pero lo que ha ocurrido es que Buenos Aires para mí se ha despoblado en el sentido de que han ido desapareciendo mis amigos, no sólo por razones de edad, muchos se han ido de allí. De modo que mis lazos con Buenos Aires son mínimos. Mi familia ha desaparecido porque los mayores se han muerto, los otros se han ido. Tengo parientes un poco en todo el mundo. Pero además, al no vivir allí, no he conseguido hacer lo que me ha ocurrido en París: entablar nuevas relaciones con personas mucho más jóvenes que yo, mucho más jóvenes, de treinta años menos, como algo normal. Y esto no me ocurrió en Buenos Aires por no estar presente.

Tal vez ya no soy argentina, tal vez soy extranjera en todas partes, pero no me resulta doloroso. Ésa es una de las cosas que le debo a Cortázar, esa capacidad para poner distancia entre uno mismo y uno mismo. Creo que es así, o quiero creerlo. Entonces me siento como un fantasma en Buenos Aires cuando voy. Ya no sé si es que la ciudad se ha vuelto fantasma o si yo soy un fantasma, creo que las dos cosas. Porque entretanto la ciudad no sólo ha cambiado como cambia todo, como también cambiaron París, Londres y Nueva York. Pero no asistir a los cambios hace que esos cambios sean todavía más violentos, más tajantes y a veces más dolorosos. Al mismo tiempo Buenos Aires —no en vano yo pasé allí los treinta primeros años de mi vida, estudié, hice mis amistades— sigue siendo una ciudad de la que tampoco me liberé. También es de esos vínculos que decíamos que no se destruyen. Tal vez se atenúen un poco pero siguen siendo vínculos importantes, aunque yo no vuelva a Buenos Aires no hay duda de que para mí será siempre mi ciudad natal.

PHF — ¿Estando al lado de Cortázar, no te vino nunca la idea de escribir?

AB — El de escribir o no es un problema que, en mi caso, viene de la infancia. Tú sabes que mi padre se casó dos veces y en su primer matrimonio tuvo cinco hijos, de los cuales la hija mayor murió joven, los demás vivieron muchos años. Era gente muy especial. Debo decir que eran personas de un nivel intelectual superior a la media, que habían estudiado, en fin, tenían preferencias, gustos, que los colocaban en un cierto sector de la vida social. Mi hermano mayor, medio hermano en realidad, Francisco Luis Bernárdez, fue un poeta muy conocido, excelente poeta, católico. Y yo tenía conciencia de eso. Es decir que vengo de un mundo en que la literatura era una cosa real, concreta, vivida, en el que había un gran rechazo del intelectualismo y de los intelectualoides, sobre todo de las intelectualoides. Así se los designaba en mi casa. Una escritora era un poco sospechosa. Primero, podía ser de una moral discutible —ahora parece ridículo pero en aquellos tiempos no lo era—; segundo, se metía en un terreno que no era para las mujeres, que tenían otros terrenos, igualmente respetables —porque no es que se los despreciara—, pero distintos. Yo siempre reaccioné contra esa actitud, pero en el fondo pesaba mucho sobre mí. No podía competir. No podía hacer lo que hacían otros porque no podía caer en el ridículo. Y creo que eso fue muy importante en mi vida. En la infancia no, pero en la adolescencia sí empieza a ser importante.

Después me caso con Julio Cortázar. Tampoco podía entrar en competencia con él. Lo digo de una manera elemental y hasta cómica, porque no se trataba de competir, pero no podía. Sin embargo, no es que no fueran relaciones estimulantes las que yo tenía tanto con mi hermano mayor como con Cortázar, en el plano de las posibilidades que ellos podían ver en mí. Siempre tuve conciencia de eso. Me inhibía seguramente mucho. Me imponían una gran exigencia. No sé por qué me comparaba, no me puedo comparar, uno no puede compararse con nadie, es ridículo. Pero es evidente que eso es una cuestión teórica, de hecho uno se compara, de alguna manera por lo menos hasta cierto momento de la vida, después ya no. Después ya uno es como es y adiós, es una de las ventajas de envejecer. Se acabó, no hay que demostrar nada, no hay que demostrar que uno tiene derecho a existir y a escribir o a hacer un film o componer una sonata. No es obligatorio y no sé si se es mejor o peor por hacerlo o no hacerlo. Pero creo que eso fue un inconveniente. O tal vez una ventaja. Tal vez el mundo se ha ahorrado no pocas tonterías.

PHF — ¿Hablaste de esto con Cortázar?

AB — Nunca. Cortázar pensaba que yo era perezosa, haragana, que era el colmo que no lo hiciera, que patatín patatán. Me criticaba mucho por eso.

PHF — ¿Ni a escondidas escribías?

AB — Eso sabes que es inevitable. Todo el mundo escribe a escondidas. Pero una cosa es escribir y otra cosa es trabajar en algo y decir: «Bueno, aquí está, miren, lean y a ver qué les parece». Escribir… ¿quién no escribe?

PHF — Antes te referiste a la poesía de Cortázar. ¿Cómo la veía él?

AB — Cortázar nunca tuvo éxito con la poesía entre sus amigos salvo con algunos pocos, por ejemplo Daniel Devoto, que hizo publicar *Los reyes*. Tenía gran admiración por Cortázar, era su amigo personal. A otros me consta que no les interesaba la poesía de Cortázar. A Julio le daba tristeza, porque para él era muy importante la poesía, siempre fue lo más importante.

Primero escribió *Presencia,* a fines de los 30, un libro de sonetos. Era una edición de autor y no circuló, no se vendió. Publicó en Ocnos, muchos años después, un libro de poesía que se llamaba *Pameos y meopas.* Nunca he leído una crónica sobre estos poemas. Salió *Salvo el crepúsculo* cuando Cortázar ya había muerto, un mes después. Esos libros no han merecido la atención de los críticos de una manera…, en fin, como era de imaginar en el caso de un escritor que ya era tan conocido.

Ya es hora de poner atención en esos poemas y de opinar con conocimiento de causa, lo dije y lo repito. Siempre se ha dicho —es una frase que circuló mucho— que Cortázar era un buen poeta cuando escribía en prosa. Es una opinión, pero ¿qué significa esa separación entre poesía y prosa, que cada vez es más difícil de hacer? Es interesante saber que prácticamente ninguna, casi ninguna de todas las personas que decían eso había leído la poesía de Cortázar. Me parece elemental leerla para poder decidir si vale o no, según los gustos de cada quien.

Lo último que escribió es un poema, «Negro el 10». En el hospital de Villejuif, donde estaba internado, escribió ese poema, que casi no se difundió porque se publicó en una edición para bibliófilos, con grabados de Luis Tomasello, amigo personal de Cortázar. Cortázar había clavado los grabados con chinches en las paredes del cuarto donde estaba internado. Un día llega el médico y le dice: «¿Qué hace usted con todas esas radiografías?». ¡Confundió los grabados negros con radiografías! Eso fue lo último que escribió. Algo quiere decir esto, ¿no? El juicio que se haga, como sabemos, depende de muchos factores: subjetivos, temporales, culturales, qué sé yo, todos los que intervienen en cualquier apreciación de una obra artística, sea musical, literaria o pictórica.

PHF — ¿Y tú cómo ves su poesía?

AB —Hay poemas que a mí me gustan mucho y otros que no me gustan nada. No soy juez, digo lo que me gusta y lo que no me gusta. Hay una parte de la poesía de Cortázar que es muy interesante, como se ve en *Salvo el crepúsculo,* que recoge poemas de distintas épocas. Es muy interesante cómo se produce allí la alternancia entre poesía y prosa. A mí me gusta mucho este libro y en la lectura elijo, pero esto lo hago con cualquier poeta, distingo cosas que me gustan más, otras que me gustan menos y otras que no me gustan nada. Ahora no tiene importancia decirlo, al propio Cortázar se lo dije cuando algo no me gustaba. Es probable que la razón la tuviera él.

PHF — Es muy difícil intervenir en la obra de otros.

AB — A veces uno puede señalar algo muy concreto, diciendo: «Esto se podría cambiar, no está tan bien». Pero en conjunto creo que la opinión más importante es la del propio creador. Si se equivoca, allá él. Lo que diga el artista sobre su propia obra es lo más atendible.

PHF — ¿Qué música escuchaba Cortázar?

AB — Julio era un melómano fervoroso. Detestaba la música de fondo. Aprendí con él también a detestarla. No podía soportar que se hablara mientras en un disco sonaba una maravillosa sonata de Scarlatti o de Schubert. Tenía verdaderamente un amor y un respeto inmensos por la música, la escuchaba religiosamente. He visto poca gente escuchar un disco, en su casa, como lo escuchaba Julio. Tenía un rincón donde se sentaba para escuchar música y se ponía auriculares para que nada lo estorbara.

Sus gustos eran muy variados. Desde luego, no hace falta decirlo, comprendían toda la música clásica, hasta el siglo XIX incluido. Pero lo que vino después también le interesaba muchísimo, incluso muchas experiencias musicales que no sé hasta qué punto han llegado a dar grandes resultados le interesaban activamente. Además le gustaba mucho la música popular, el jazz sobre todo. Éste influyó en su obra a través de la idea de la improvisación, que para él era muy importante y le viene de la admiración que tenía por ese género, que conocía admirablemente.

Hace poco me recordaban García Márquez y Carlos Fuentes una conversación que tuvieron en un viaje a Checoslovaquia a donde los tres habían sido invitados. En una larga noche en tren Julio los dejó pasmados con una historia de la introducción del piano en la música de jazz. García Márquez es un gran melómano, Carlos Fuentes es además un hombre de una gran cultura, en fin, de conocimientos múltiples, muy precisos. Dicen que nunca oyeron nada igual sobre este tema, entre otros. Modestamente Julio debe haber mencionado algo y ellos deben de haberle preguntado, deben de haberse interesado. Parece que entonces se despachó con una verdadera conferencia sobre la incorporación del piano en el jazz.

También le gustaban los boleros, por ejemplo, esos boleros cursis maravillosos de los mexicanos, de los cubanos, del Caribe, los tangos por supuesto, pero detrás, siempre y más importante que todo eso, están Schoenberg, Alban Berg, Bach, Mozart, Schubert y todos los que sabemos.

PHF — Sin olvidar a Wagner.

AB — Y Wagner, por el que tenía una enorme admiración. En su admiración por Wagner creo que tuvo mucha importancia la influencia de un amigo, compañero de estudios en la Escuela Normal Mariano Acosta, que fue un musicólogo y un cronista de música muy importante en Buenos Aires, Jorge D'Urbano. Era un gran wagneriano y creo que fue muy importante para Julio porque no era común que la gente en Buenos Aires, en esos años, estuviera interesada en Wagner. Había una Sociedad Wagneriana, de la cual Julio se hizo socio, pero era muy restringida, era poca la gente que lo apreciaba.

Yo también escuchaba música, me gustaba la música así como en general a todos mis amigos, pero de Wagner no se podía ni hablar. Nunca lo habíamos escuchado, existía un rechazo que no debía darse sólo en Buenos Aires, sospecho que en más de cuatro lugares era así. Hubo una reacción contra Wagner en un momento dado, influida también por la cuestión política de que los nazis lo adoraban. Pero sí, Julio tenía una gran admiración por Wagner y por la ópera en general, especialmente la italiana, que había empezado a escuchar en su casa.

Cuando era chico estudió un poco el piano con una tía, experiencia que probablemente lo disuadió de seguir adelante, al tratarse de una enseñanza muy convencional y muy modesta. Tú sabes que su hermana, que no era precisamente una superdotada, tocaba el piano de oído, tocaba tangos... Y lo hacía extraordinariamente bien. En la casa se escuchaba ópera italiana, música de cámara, algo de música sinfónica, de Wagner nada. Los géneros favoritos eran el tango y la ópera. Y ahí Julio aprendió a escucharla, le gustaba muchísimo. Respetaba enormemente la gran aventura que es la ópera, la complejidad y la aspiración y la intención de la ópera.

Cada vez que íbamos a Viena aprovechábamos: siempre había algo que ver, sobre todo yo, que era bastante ignorante. Escuchamos mucha música allí: óperas y conciertos magníficos. Eso y los museos eran nuestras únicas actividades culturales en Viena, puesto que sin saber alemán lamentablemente había muchas cosas a las que no podíamos acceder, teatro por ejemplo.

PHF — Dijiste que también la música contemporánea le interesaba a Julio.

AB — En realidad, le interesaba todo lo que fuera romper con una tradición, pero de una manera inteligente, activa y consecuente. Es decir que para él no se trataba de rechazar por rechazar, sino de buscar caminos diferentes, experiencias nuevas, tanto en la pintura como en la música como en la literatura. Lo que en muchos era una extravagancia y deseos de lo nuevo por lo nuevo, en él no. Su actitud era más bien la de «veamos qué pasa, veamos qué pasa». Le interesaba todo lo que significara un cambio en el sentido de abandonar viejas rutinas para ensayar cosas nuevas.

En ese sentido la música era una gran experiencia. Porque es realmente una ruptura la que se produce en la música contemporánea con respecto a la música que todos hemos amado y que seguimos amando, una cosa no excluye la otra. Salir de Bach o de Beethoven para caer en Pierre Boulez, pongamos, por citar un contemporáneo ilustre ya y francés, es una sacudida. Cuando uno se topa con Alban Berg o Schoenberg por primera vez se lleva una gran sorpresa. Hay que acostumbrarse, hay que aprender a escuchar. Y para eso Cortázar estaba extraordinariamente dotado: para escuchar y para ver, para leer lo que era y es diferente, pero no porque sí sino por una razón de búsqueda. Me parece que eso fue decisivo. Y porque la música era quizá lo que prefería, porque aun siendo él un escritor su melomanía era verdaderamente real. Jamás aceptó la música de fondo, ya lo he dicho antes, no soportaba que alguien pusiera un disco mientras se conversaba, como suele ocurrir en las mejores familias, que ponen una sonata de Beethoven mientras se habla de la huelga de tranvías, cuando había tranvías. Se sentaba a escuchar música como se sentaba a leer, y que nadie molestara. Eso era realmente una vocación musical. Desde muy joven tuvo amistades que lo ayudaron un poco a introducirse en la música y en la pintura. Para la literatura se arregló solo.

PHF — ¿Le gustaba el silencio a Julio?

AB — Era imprescindible para él, sí, tenía una obsesión. Ante una mudanza, por ejemplo, siempre pensábamos en dos cosas: primero, que se pudiera ir andando a trabajar, que no hubiera que tomar el metro para ir, porque lo consideraba una pérdida de tiempo y una fuente de fatiga, y tenía tanta razón. La otra es que no hubiera ruido, que no se oyera el ruido de la calle, que no se oyera el ruido de los vecinos, cosas no siempre fáciles. Pero en esta casa donde sigo viviendo y donde hemos vivido Julio y yo hasta el año 68, como puedes comprobar no se oye absolutamente nada y eso es una gran maravilla. Además, el que ama la música ama el silencio.

PHF — El silencio es música…

AB — Es la misma música. En todo caso una no existe sin la otra. La música no existe sin el silencio, dentro de la música, además, los silencios son tan importantes, como sabes tú, que de eso algo sabes.

PHF — En el texto «Gardel», Julio habla de la «hermosa voz» del cantante.

AB — Creo recordar que era el comentario a una frase de un atorrante cualquiera que iba a escuchar a Gardel y que dijo: «Cada día canta mejor». Después de haberse muerto Gardel, cada vez que escuchaba un disco decía: «Cada día canta mejor». En realidad él había aprendido cómo había que escuchar a Gardel, es decir, tenía los conocimientos que hacían falta para entender profundamente y hasta qué punto este cantante popular era de una musicalidad y de una capacidad de expresión admirables, de una sobriedad y una elegancia propias del tango de esos tiempos. No sé hasta qué punto las conserva, porque en gran medida el tango moderno se volvió más enfático.

PHF — ¿Cómo hay que escuchar los tangos de Gardel?

AB — Hay que escucharlo y advertir cómo modula la voz y cómo es de justo el tono con que dice las palabras, cosa que es tan importante en la música cantada. Para cantar bien las letras de los tangos no se puede ser enfático, por mucho que sean de desgarradoras y dramáticas, que nunca lo son tanto como los boleros, por ejemplo. Los boleros son mucho más melodramáticos. Pero el tango es siempre nostálgico y tristón y se habla de traiciones pero nunca a los gritos, con un poco de escepticismo, con mucho de cinismo.

PHF — También es una manera de limpiar las palabras...

AB — Claro, de volver al verdadero sentido. No exagerar cuando se habla de dolor del corazón, estas cosas de las que se habla siempre en la música popular.

PHF — ¿Bailaron alguna vez el tango?

AB — Sí. Me acuerdo que estábamos en casa de Octavio Paz, había tres o cuatro personas, no era una fiesta propiamente dicha, pero no sé, alguien se puso a bailar, probablemente Marie José, la mujer de Octavio, que era muy joven, muy bonita y muy divertida. Entonces bailamos todos, pero bailamos un poco como los chicos, sin saber, moviéndose de cualquier manera. Hacíamos como ahora se puede hacer, como bailan en las discotecas, cualquiera baila. Ya no es como en mis tiempos de tanguera, en que el tango se bailaba de cierta manera y no de otra. Fue muy divertido. Julio no era bailarín. No bailaba. Yo iba a bailar con otros amigos en Buenos Aires, en salones de baile de los años de mi juventud, era muy divertido y fascinante. Pero con Julio no. Con Julio nunca fui a un salón de baile.

PHF — Pero de todos modos Julio sabía divertirse.

AB — Sabía divertirse y quería que todo el mundo se divirtiera. Él personalmente era muy divertido, se le ocurrían cosas que a mí me hacían morir de risa: juegos de palabras, nombres que aplicaba a unos y a otros, de una manera absurda pero muy cómica. Es decir, la morosidad, la depresión le repelían, creo que buscaba una exaltación constante en la vida, de diferentes maneras. Para él la diversión era una cosa que no implicaba frivolidad —como también lo creo yo—, quizá sea mucho más respetable que la seriedad. La verdad es que se divertía mucho y le gustaba divertir, le gustaba divertir a los demás. En su familia se reían mucho con él.

Su abuela, su madre, sus tías se divertían muchísimo, yo también me he divertido mucho. Y creo que eso formaba parte de una cosa muy profunda propia de él, de un gusto de vivir, tal vez no de una manera convencional, así como se entiende el *plaisir de vivre,* que tampoco le faltaba, porque le gustaba beber, le gustaba comer bien, pero sin llegar a mayores extremos en ese terreno.

PHF — Háblame de la casa de Saignon.

AB — Nuestras casas fueron el primer departamento de la rue Pierre Leroux, esta casa[1] y la casa de Saignon. Un buen día nos dieron ganas de tener un lugar para pasar el verano o el momento en que no tuviéramos trabajo, un lugar tranquilo. Habíamos pensado naturalmente en el sur de Francia por razones climáticas. A los dos nos gustaba tener un poco más de sol, a mí sobre todo un poco menos de frío. Entonces nos fuimos ingenuamente al sur, pensando que íbamos a encontrar algo en un pueblo de la costa. «Ilusiones del viejo y de la vieja…», como dice el tango. No había absolutamente nada.

En nuestras andanzas fuimos retrocediendo hacia el interior de la Provenza. Caímos por casualidad en una oficina inmobiliaria con un personaje bastante *farfelu*[2] que nos mostró una o dos cosas horribles, casitas muy feas en lugares llenos de cemento. Estábamos perdiendo las esperanzas cuando ese hombre nos dijo: «Hay otra cosa, pero a ustedes no les va a interesar porque es un *cabanon*[3], una cosa prácticamente inexistente, pero el lugar es muy bonito, realmente vale la pena verlo». Dijimos: «Bueno, ya que estamos…». Fue ver el lugar y decir: «Cualquier cosa pero aquí mismo, ponemos una carpa y vivimos».

---

[1] 9 Place du Général Beuret, donde transcurre esta entrevista.
[2] Fantasioso.
[3] Cabaña.

Era realmente espléndido. Saignon está bastante alto y desde allí se ve una zona admirable de la Provenza, de valles y montañas. En fin, era un lugar más que bonito, estaba más allá de lo que por lo menos yo tenía en la cabeza. Había allí —en el pueblo pero no metido dentro del pueblo, en un terreno escalonado, con mucho movimiento— una modesta construcción de tres habitaciones, con un poco de jardín descuidado. Unos amigos nuestros —una pintora, su hijo y el marido— estaban sin trabajo y les propusimos que vivieran en la casa. Él era un hombre sumamente habilidoso y sabía hacer de todo, ella también. Eran personas de una capacidad artesanal extraordinaria y fueron haciendo los trabajos necesarios con la ayuda de la arquitecta excelente que era Angelina. Ahora está en Buenos Aires, ya es una mujer de muchos años. Hizo unos planos muy simples para hacer la casa más vivible, más confortable: una habitación grande, un estudio a partir de transformar una parte de la casa que ya existía, una gran cocina, un cuarto de baño y un dormitorio. Eso era todo.

Entre el 60 y el 68 íbamos todo lo que podíamos. Julio trabajaba mucho y yo lo pasaba muy bien, me encantaba: era un tiempo para leer, para escuchar música, para hacer jardinería a la manera de un habitante empedernido de ciudad. La presencia del paisaje era un elemento importante, además, por la calma, el silencio… Había pájaros y gatos. Fue muy agradable la experiencia.

PHF — Después tuviste una casa en Deyá, Mallorca.

AB — Sí. Un día tuve nostalgia de un lugar semejante. Teníamos unos queridos amigos, los Flakoll, una pareja, él americano y ella nicaragüense[1]. Ella sigue siendo muy amiga mía y lo fue de Julio con su marido. Ellos tenían una casita en el pueblo de Deyá, que es el pueblo donde

---

[1] Claribel Alegría y Bud Flakoll.

vivía el famoso Robert Graves. Es un pueblo bastante conservado a pesar de su ubicación y de las hordas turísticas. No está a orillas del mar, hay que bajar a alguna cala por los olivares, un paseo muy agradable, pero no para todas las piernas, evidentemente, sobre todo en el caso de citadinos más bien sedentarios. Y allí también Angelina construyó una casa, que era lo que yo quería tener en esos tiempos. Una casa donde pudieran venir dos amigos o tres y alojarse con bastante independencia en un terreno y un paisaje que curiosamente algo tenían de Saignon.

Esa realidad coincidía con un sueño mío recurrente. Que apareció, desapareció, reapareció y volvió a desaparecer... Yo siempre había soñado con tener una casa en cuyo techo hubiera un jardín. Una idea que yo no acertaba a explicarme hasta que el día que vimos la casa de Saignon, más o menos arreglada, mirándola desde abajo, yo dije: «Julio, esta casa tiene un jardín en el techo». Porque debido a los desniveles del terreno se veía todo un jardín como si saliera del tejado. Dejé de soñar eso. Cuando me fui de Saignon, en el 68, volvió a reaparecer el sueño. Hice hacer la casa de Deyá y, como tú sabes, desde abajo se veía un jardín que había en la parte alta. El sueño desapareció y no ha vuelto a aparecer. Quiere decir que terminó el ciclo de la casa con el jardín en el techo.

Julio estuvo en esa casa también, cuando recién se había casado con Carol[1]. Me pidió la casa para pasar un verano allí y fueron con el hijo de Carol. De esa visita tengo algunas fotos muy simpáticas. Lo pasaron muy bien. Además estaban los Flakoll, en fin, era una vida muy agradable. Y también tú tienes algo que decir de esa casa, porque allí escribiste una parte de tu ópera sobre *Los reyes,* y más cosas. Fue una época que estuvo muy bien también. Pero cumplió su ciclo.

---

[1] Carol Dunlop (1946-1982).

PHF — Siempre se mantuvo un hilo entre vosotros dos.

AB — La ruptura fue dolorosa para los dos, ciertamente fue dolorosa. Pero sobrevivió siempre no sólo una amistad; es otra cosa: un afecto, una forma de amor —para hablar de una palabra también que da un poco de vergüenza mencionar—, una forma de solidaridad o de lealtad que uno puede tener con muy pocas personas, quizá con la madre y con alguien como fue para mí Julio y como fui yo para él. No tiene que ver ni con la fidelidad, ni con la pasión, ni con las pasiones propias y ajenas. No, es otra cosa. Es un sentimiento que sobrevive a todo. Creo yo que, cuando ha existido, no se acaba, no se acaba nunca.

No siempre fue fácil para él. Yo no tenía ningún problema, pero él tuvo una época en que, por razones personales, no le era tan fácil seguir manteniendo una relación que no se rompió nunca en realidad. Duró hasta el final de su vida. Y continúa, porque me ocupo de su obra, de modo que es una manera de seguir en la misma. A pesar de los desacuerdos no hubo una ruptura en esa relación, gracias a Dios. Ni para él ni para mí. Otras relaciones que han sido importantes en la vida para mí no han tenido esa fuerza, esa persistencia, esa permanencia. Y era así porque era así, por ninguna razón más que… no sé por qué. No puedo explicármelo. Tampoco él se lo podría explicar. Pero fue así.

PHF — ¿El tiempo borra los malos recuerdos?

AB — No todos. Hay recuerdos malos que sobreviven, otros no, otros se pierden, se borran, uno ya no sufre recordando. Pero hay cosas que uno recuerda que sí hacen sufrir, hacen sufrir y mucho. A mí me sigue haciendo sufrir la muerte de Cortázar.

PHF — El final de Julio fue muy triste.

AB — La enfermedad de Julio tardó en ser diagnosticada. Tenía problemas constantes: bronquitis, infecciones, no se sabía bien qué le pasaba, había algo que evidentemente no aparecía en los análisis de sangre. Pero en un momento en que estaba con Carol en Provenza, tuvo una descompostura muy seria, con hemorragias: sangraba por todas partes... Lo llevaron al hospital y allí empezaron los tratamientos.

PHF — Pero Carol se muere al cabo de poco tiempo.

AB — Julio estaba convencido de que Carol había tomado los remedios que tomaba él para enfermarse. La muerte de Carol fue terrible, evidentemente no lo ayudó a recuperarse, y los últimos meses estaba muy cansado, triste. Una vez me dijo que no estaba deprimido. Pero viéndolo así yo desistí del proyecto de irme de vacaciones a Deyá y me quedé en París. Se lo anuncié, le dije: «Me voy a tu casa». «¿Adónde? ¿Por qué?», me preguntó. «¿Qué vas a hacer? ¿Cómo que no te vas? Me dijiste ayer que te ibas...», insistió. Le repetí: «No, me voy a tu casa». Me dijo: «Bueno, sí, es mejor que vengas». Y así pasamos los meses de agosto a febrero. Me trasladé con mis petates a la casa de Julio. Yo trabajaba en la Unesco en ese momento, pero compartíamos el desayuno, la cena y trabajábamos un poco. Tradujimos cuentos de Carol. Lo ayudé a poner orden en los papeles, lo cual lo devolvió a cierta normalidad. Pero no le devolvió la salud, naturalmente. Pasó lo que sabemos. Fue muy triste, muy triste.

PHF — ¿Hasta el último momento tenía proyectos?

AB — Sí, sí, todo el tiempo —es curioso—, proyectos bastantes pensados además. «No estoy deprimido, tengo cosas que hacer todavía», me dijo. Me lo dijo textualmente un día en que yo lo vi particularmente caído, en su famoso sillón donde escuchaba música. Entonces comprendí lo que es una enfermedad que te destruye completamente.

Recuerdo que una de las últimas noches, si no la última noche que pasó en su casa, en el momento de prepararse para ir a dormir, todo estaba en orden, yo me acerqué a su cama y le pregunté: «¿Estás bien?». Me dijo: «Sí, ahora me voy a mi ciudad». Me lo dijo con una cara de paz, casi de beatitud. ¿Qué era esa ciudad? No lo sé. Pero sin duda era algo fundamental.

PHF — ¿Cuál fue el mejor viaje de Aurora?

AB — A ver que piense… He hecho muchos viajes. En realidad todos los viajes que hice fueron los mejores, creo que ningún viaje me decepcionó, nunca. Entre los últimos viajes cortos que hice hubo algunos que me encantaron, como fue ir a Cracovia o a Glasgow. Glasgow me gustó muchísimo, y es una cosa pequeña comparada con el resto. Ya no hay grandes viajes, grandes aventuras como aquellas de ir a la India, a México o a Italia, donde hemos estado bastante tiempo, como para poder movernos de aquí allá en la maravilla que es ese país.

PHF — Siempre hay que tomar una pequeña parte de cada cosa.

AB — Siempre queda algo que es particularmente deslumbrante o apasionante, puede ser un gran monumento o puede ser el salón de té de Mackintosh en Glasgow, que es una verdadera maravilla —creo que es el único que queda tal como lo concibió Mackintosh—. Puede ser así.

PHF — ¿Hay algo que falte o sobre en la obra de Cortázar?

AB — No sé si eso puede plantearse como problema. Ninguna obra abarca todas las posibilidades de expresión. Supongo que es materialmente imposible, aparte de que hay cosas que a uno no le interesan y entonces no las trata, no las convierte en materia de su propio trabajo. En todo caso el único que podría preguntarse si hay algo que falta en la obra de Cortázar sería él. Podría decir: «Sí, todavía no hice algo en lo que he pensado».

Yo creo que no sobra nada, hay cosas que quizá me gustan menos, pero eso depende del juicio del crítico o de las preferencias. Hoy hablar de juicio me molesta, no hay jueces en ese terreno, pero sí existen los gustos. Hay quienes prefieren los cuentos —eso es clásico— y quienes prefieren *Rayuela* como modelo de un tipo de novela innovadora en su momento que sigue siendo muy leída. Otros prefieren al Cortázar humorista, que lo es muchas veces. No sé si alguien prefiere al Cortázar poeta, en el sentido de autor de poemas.

Ahora recuerdo que hace muchos años Cortázar conoció a un profesor y crítico italiano que se llama Gianni Toti, todavía vive[1]. Este hombre leyó por azar unos poemas de Cortázar y dijo que eran lo que a él más le interesaba de la obra de Cortázar. Publicó una serie traducidos al italiano. ¿Ves? Ahora que lo pienso, no sé hasta qué punto conocía toda la obra de Cortázar hasta ese momento, pero dijo que prefería la poesía.

PHF — Cada uno encuentra su camino en la obra de un autor.

AB — Claro, un interés propio en un aspecto de la obra que para unos está en la novela, para otros en los cuentos y para otros puede que en la poesía.

---

[1] Murió en 2007. Era también poeta.

PHF — ¿Adónde te conduce la obra de Cortázar?

AB — Me sigue sorprendiendo. Hoy, cuando por razones de trabajo tengo que evaluar una adaptación al cine o al teatro de las muchas que me proponen, releo el cuento de que se trate. O a veces alguien quiere escribir una canción, entonces releo un poema. Y me sorprende, como si fuera la primera vez, la cualidad de la escritura. Como me ocurre con Borges, por citar el maestro —para los argentinos es el maestro, también lo dijo Cortázar—. Eso es lo que me sorprende: la cualidad misma de la escritura. Después, naturalmente, la imaginación verdaderamente sorprendente de Cortázar —creo que en eso estamos todos de acuerdo— y la riqueza verbal, eso me impresiona muchísimo. Me impresionó desde el primer momento, y eso que yo era bastante joven cuando lo leí. Había leído a Borges, que ya era una buena introducción a lo que yo pienso que debe ser básicamente la literatura: una cuestión de escritura.

PHF — ¿Cuál ha sido tu verdadera posición ante la literatura?

AB — La de lectora. He sido lectora desde antes de ir a la escuela, porque aprendí a leer sola. Cuando fui a la escuela ya sabía leer. Nadie me enseñó. Mirando y preguntando aprendí a leer. Desde entonces la lectura es quizá la que prefiero de todas esas actividades que ejerzo. La lectura no es nunca pasiva para mí. Es quizá lo que más satisfacción me ha dado en esta vida, sin duda.

PHF — Y haber vivido al lado de un artista…

AB — A mí me tocó vivir al lado de un artista, pero un artista es como todo el mundo en ciertos aspectos muy importantes, en la vida cotidiana. Es decir, la ventaja que yo podía tener era vivir con Cortázar pero no como escritor sino como persona, porque tenía mucha imaginación y porque era muy divertido. Entonces, claro, eso era un elemento muy positivo en la relación. Julio era muy respetuoso y escuchaba mucho lo que se le decía. Era muy atento siempre. Pero lo que ocurre es que cuando una persona tiene una personalidad muy diferente de la de los demás, resulta estimulante, porque hace ver, incluso en lo cotidiano, otros aspectos de la realidad. Su imaginación funcionaba todo el tiempo y su sentido del humor también. A mí me hacía reír muchísimo Cortázar.

Recuerdo una pieza de teatro que se estrenó por los años sesenta, de una extraordinaria escritora italiana[1], que se llamaba *Ti ho sposato per allegria* —Me casé contigo de puro contento, creo que se podría traducir así—. Y es verdad. Era estar rodeada de diversión, de inteligencia, pero no de una inteligencia abstracta o discursiva, en absoluto. Formaba parte de la vida, de la vida cotidiana. Y supongo que es diferente, claro, de vivir al lado de una persona menos creativa, como se dice ahora —palabra que detesto pero en este caso no hay más remedio que decirla—, menos creativa que Cortázar.

El primer regalo que me hizo, en Buenos Aires, era un libro de catedrales góticas, que yo no conocía para nada. Cuando llegué a París, lo primero que hizo fue llevarme al Louvre para que yo viera algunas de las piezas maestras del museo, no sólo la *Victoria de Samotracia,* sino también cosas como una que me sorprendió muchísimo encontrar en la exposición sobre la melancolía. Me llevó a ver la estela funeraria que se llama *Exaltación de la flor.* Hay dos mujeres que se están ofreciendo una flor idéntica, como un espejo en realidad. Me llevó especialmente a verla. Mira qué casualidad, me quedé sorprendidísima cuando la vi en la exposición, porque en aquel entonces me había hecho una impresión imborrable la belleza de

---

[1] Natalia Ginzburg.

esa imagen. Cuando nos fuimos a vivir ese tiempo en Italia, imagínate, nos dimos un baño de arte permanente, porque además habíamos conseguido una *tessera,* o sea un pase para el Vaticano y los museos nacionales. Así que vimos muchísima pintura.

A lo largo del tiempo fui con cierta regularidad al Louvre con Julio, que lo conocía muy bien, y me llevó también a ver galerías de pintura. Al principio yo rechazaba absolutamente la pintura abstracta, que en esos momentos tenía mucha importancia: había grandes pintores franceses que la practicaban. Yo era muy tajante, era joven y tenía la insolencia propia de la juventud. Cortázar en general no rechazaba nada de entrada, lo mismo en literatura que en pintura: no rechazaba. Miraba e intentaba ver y después, bueno, le interesaba o no, eso es otra cosa. Y fui aprendiendo a ver. Debo decir que es una de las cosas que le debo a Cortázar, porque mejor maestro que él no sé si hubiera encontrado.

PHF — ¿Con qué texto de Julio Cortázar te quedarías?

AB — ¡Qué difícil! Es muy difícil decirlo. Me quedaría con muchos. Quedarse con uno quiere decir rechazar los otros. No sé. Creo que no puedo contestar. A mí me gustan mucho ciertos cuentos, me gusta mucho *Prosa del observatorio,* textos cortos como los de *Un tal Lucas,* que me divierten mucho, los *Cronopios,* que al principio no me gustaban porque me parecían moralizadores pero después no: empezaron a gustarme y me gustan. No sé. No puedo decir con qué me quedaría, por suerte tengo que quedarme con todo, lo quiera o no su obra está allí, y así es.

Índice

CONVERSACIONES

Este libro se terminó
de imprimir en
Móstoles, Madrid,
en el mes de
mayo de 2017